# 憲法の神髄と日本の未来

——明治維新から
平成世界維新へ——

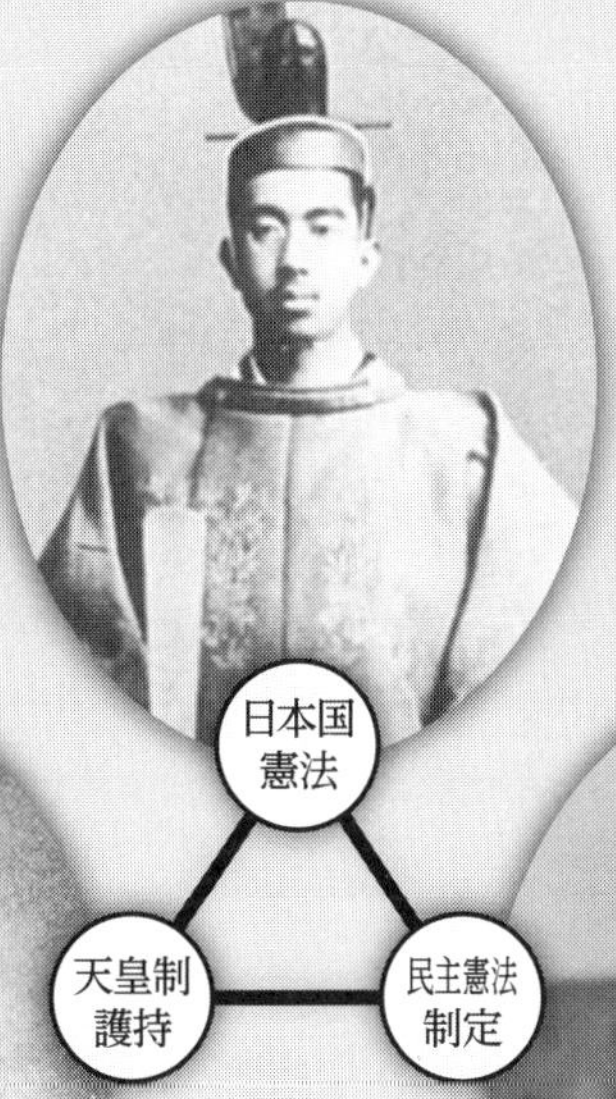


地球文明研究会（監修）

渡邊和見（著）

幣原喜重郎

マッカーサー


今日の話題社

旧来の陋習を破り天地の公道に基くべし。
智識を世界に求め大いに皇基を振起すべし。

（五箇条のご誓文より）

# まえがき

「文明が戦争を滅ぼすのか、戦争が文明を滅ぼすのか?」

これは、現在の日本国憲法が制定された際に、総理大臣を務めていた幣原喜重郎《しではらきじゅうろう》が残した言葉として知られています。

周知のように、日本国憲法は、「国民主権」、「基本的人権の尊重」、「平和主義」を三大原則としています。

しかしながら、この〝平和主義〟に類するものは、他国からの軍事的脅威があるような場合、領土・領海の実際の侵犯があるような場合、もろくも崩れ去り、望まざるも、紛争や戦争を繰り返してきたのが人類の歴史の常でした。

２０１２年9月11日、東京都の政治的な動きに触発されて、日本政府が尖閣諸島の国有化を発表するに伴い、東アジアの緊張がにわかに高まりました。

その後、日本も中国も、納得のできる良案がないまま、外交政策としては双方とも一歩も後に引かない強硬な構えが続きます。そして同年秋、中国における対日批判が高じて起きた日本企業襲撃などの暴動に対し、日本国内でも反中国の空気が一挙に広がり、断固たる国益重視の政策方針が国民の支持を集めました。

しかし、このままでは、かつての幣原首相がいみじくも発した言葉、やがて近いうち「戦争が文明を滅ぼす」のではないか、と危惧している人々も少なくないものと思われます。

国や民族が滅ぼされるようなことがあってはならない、という認識から着目されてくるのが軍事・防衛の問題です。

戦後憲法において、日本は「戦争の放棄」、「戦力の不保持」を謳ってきたため、自らの武力によって公然と国を守るためには、憲法の改正がどうしても必要です。

領土問題が一つの重要なきっかけとなって、憲法改正問題に衆目が集まりつつある昨今、防衛問題や平和問題は今一度、広く国民の議論を喚起し、しっかりとした指針が定められるべき時期にきているものと考えられます。

以上の点を踏まえたうえで、本書はその参考に供するため、まとめられたものです。今日の日本人が憲法問題を考える際の一助として、役立てて頂ければ幸甚であります。

「……広く会議を興し、万機《ばんき》公論に決すべし」（五箇条のご誓文より）

# 憲法の神髄と日本の未来　目次

## 1　平成世界維新の要件とは何か

憲法問題は、単なる政治議論ではなく、まさに平成世界維新を促す種火でもあります。「日本国憲法」の改正問題を考える場合、まずはそれが制定された経緯や、当時かかわった人々の考え方を知っておくことが、とても大切になるでしょう。

そもそも、当時の首相である幣原喜重郎とはどのような人物だったのか？

幣原が総理大臣を務めた期間は、終戦直後の昭和20年10月から翌21年5月までの約7ヶ月間でしたが、この期間に戦後日本の骨格の基礎はほぼ形成されたものと観《み》られます。幣原内閣の発足はそれ自体、昭和天皇の大命《たいめい》が下ってのことでした。

当時、昭和天皇は44歳、幣原はすでに73歳でした。老齢の幣原は、組閣に関して昭和天皇の懇請を受けた際に、最初は「何の用意も自信もないので」と極力拝辞《はいじ》するのですが、天皇がいかにもお困りの様子で、「こんな時局に自信を持ちうるものは恐らく一人としてあるまい、この際こそ勇気を奮って出馬してくれるべきではないか」と、直々のお諭しを賜るに至って、一身を投げ打ってもご奉公しなければ相すまぬという心持ちになり、この大任を拝受する決意を固めたといわれます。

そして、この幣原内閣は、戦争に破れながらも、新日本建設の様々な施策をGHQと交渉しながら進めなければならない難しい時期にあって、重い責任を負うことになりました。昭和天皇が幣原を要請したのは、当時信任して重責を託せるほぼ唯一の人物だったからだとも言われます。

幣原喜重郎

明治5年生まれの幣原は、日露戦争、第一次世界大戦、ロシア革命、辛亥革命等、近代の世界の流れをつぶさに見ながら、外交活動に携わる機会に恵まれました。そして、近代日本が経験した興隆、転落、再建の三時期にわたって、それぞれに功績を残したことが認められています。幣原は、外に対しては平和外交を高調し、内にあっては超党派外交を提唱するなど、先見の明ある政策を展開し、日本が生んだ世界的外交官としても知られます。

幣原の外交官歴は、日清戦争直後の明治29年に始まります。大正4年には外務次官に就任、同8年には駐アメリカ特命全権大使に着任します。そしてその後、外務大臣を四期ほど務め、昭和6年の満州事変を機に第一線を去るときまで35年間にわたって外交に携わりました。その政策は、平和主義の国際協調路線〝幣原外交〟として知られ、対中国政策においては、不干渉の姿勢を貫きます。しかし、昭和6年に関東軍による満州事変が勃発するに及び、文民外交の時代には幕が降ろされ、昭和20年8月の終戦に至るまで軍事的政略が台頭することになったのです。いわゆる15年戦争の時代です。

昭和6年の満州事変に際し、若槻礼次郎《わかつきれいじろう》内閣は正面から軍部と衝突して総辞職したのですが、当時幣原は外務大臣を務め、軍部からは〝軟弱外交〟を非難されていました。しかし、その同じ幣原が、戦後になって今度は昭和天皇のご要請によって、再び政界に復帰し、総理として新日本の土台を構築する任に就くことになったのです。

現在に至るまで守られてきた「日本国憲法」が制定されたのは、まさにこの幣原内閣の時代であって、当時の昭和天皇、幣原、マッカーサーを柱とする幾人もの人々のご尽力によって現憲法は成立をみた経緯があるのです。それは、普段は空気のように、私達一般国民が意識していないものですが、その成立に至るドラマは、まさに戦後日本の最も劇的な秘められてきた物語でもあったのです。

そして今、戦後60数年という歳月を経て、再び対中国の領土問題がひとつの契機ともなって、憲法改正問題に衆目が集まっているのも、まさに歴史の不可思議な因果と言えるように思われます。

現実問題としては、〝平和憲法〟とも称される憲法9条が、独立主権国家としての外交や安全政策を推進するうえで足枷になってきているというところに、現憲法改正にまつわるひとつの争点があります。

一方では、実質的に既に世界でも有数の軍事力を持ちながら、これを正式な〝国軍（国防軍）〟として規定できず、憲法に呪縛され、〝自衛隊〟と称していること自体が欺瞞《ぎまん》であるという見方もあります（２０１１年度の日本の防衛費はフランスに次ぎ世界第6位）。

こうした見方の背景には、〝交戦権の放棄〟までを謳う憲法9条の制定が、ＧＨＱの占領統治期間中になされたゆえ、これを含む「日本国憲法」そのものが米国の極東政策を強要された所産に他ならないという認識があります。

すなわち、それは独立国としてはあってはならない敗戦国憲法であって、日本古来の武士道精神からみても許し難いものであり、成立経緯を見るなら「日本国憲法」そのものが国際法上無効である、という議論もまた存在します。

確かにそれらは、一面においては一理ある見方であることに違いありません。しかし、一国の政治問題において、一面的なものの観方《みかた》だけから安直な政治判断に傾いた結果、重大な歴史的過失を招いてしまった例は少なくありません。今日に至るまでの民族紛争や戦争の悲劇は、不可抗力で発生したものがある反面、為政者たちの研究不足や民衆一般の学習努力の欠如による判断ミスから発生したものが少なくなかったことも事実でしょう。

そして、人類が今日もつに至った軍事力の巨大さを考えるなら、昨今の領土問題を含む国際緊張が高まるにつけ、まさに「戦争が人類文明を滅ぼす」ことになり兼ねない危険が増してきているようにも感じられます。

ところで、日本国憲法の9条が制定された背景には、これと全く逆のベクトル、即ち「文明が戦争を滅ぼす」べきであるという老練な幣原の政治的情熱が込められていたようです。幣原の次の言葉は、それを証明するものといえるでしょう。

「戦争放棄は正義に基く大道で、日本はこの大旆《たいはい》をかかげて国際社会の原野をひとり進むのである。原子爆弾の発明は、世の主戦論者に反省を促したが、今後、さらにこれに幾十倍・幾百倍する破壊力ある武器も発明されるであろう。今日のところ、世界はなお旧態依然たる武力政策を踏襲しているが、他日、新たなる兵器の威力により、短時間のうちに交戦国の大小都市ことごとく灰燼《かいじん》に帰するの惨状を見るに至らば、その時こそ諸国は初めて目覚め、戦争の放棄を真剣に考えるであろう。その頃は、私はすでに命数を終わって墓場の中に眠っているであろうが、私はその墓石の陰から後《うしろ》を振り返って、諸国がこの大道に付き従ってくる姿を眺めて喜びとしたい」

昭和20年代の幣原のこの言葉には、今日の国際社会を見据えていたかのような鋭さがあります。しかしながら、私たちはその大道を世界に広げ、墓場に眠る幣原翁の期待に答えることができるのでしょうか？

今日の「日本国憲法」の改正問題は、まさしく戦後レジーム（体制）からの脱却、日本国家の自立、未来の国際社会における日本の立場と役割など、国史の成長そのものに関わるテーマともいえます。そして同時に、この度の憲法問題については、単に日本国の政治問題に留まらず、新たな時代に地球規模でのリーダーシップを担うべき天命ある日本としての、歴史総括的かつ未来の地球社会の指標的な問題とも重なっているところに前例のない重大さがあるものと考えられます。それは、ある意味で一般に考えられているような政治問題の域を超えた神聖領域に関わるテーマともいえます。

封建的遺風の少なくなかった過去においては、多くの人民の犠牲を生ぜしめた政治的判断ミスが、一部の権力者や政治家の偏った識見《しきけん》からもたらされた事例が多く見られます。しかし、憲法改正の是非が国民に問われる今日においては、国民一人ひとりが、憲法の改正がもたらすことになろう社会動向の結果に責任を負わねばなりません。そしてそれは、ひとり日本だけの政治問題なのではなく、今後の国際社会の動向をも左右するインパクトを有し、新しい地球社会に求められる人間の意識改革や、対立し合う宗教やイデオロギーを背景とした国際紛争の行方にも深く関連する問題であるものと考えられます。

諸々の面から多角的に近年の憲法問題を考えるなら、問題の本質が一般的な政治判断や国益の損得勘定の範疇《はんちゅう》を超えた、人間を含めたあらゆる生命の存在そのものに関わるただならぬ課題であることが明らかであり、従って、それはまさしく神聖領域に触れる問題と観られるのです。

民主主義の恩恵から、今後の世界全体の動向をも左右するほどの政治判断が、国民一人ひとりに委《ゆだ》ねられているというのは、ある意味で非常に光栄なこととも考えられるでしょう。しかし、その判断を誤った際の責任もまた、国民一人ひとりが背負わなければならないのであって、その誤算は未曾有の世界的混沌をもたらしうるものであることを考えるなら、いまや喫緊の課題は、〝憲法問題の核心について国民一人ひとりが如何に認識を深めるべきか〟ということにあるといえるでしょう。

そして、それにはまず、現在の「日本国憲法」の制定にまで至る歴史的背景や、公布の前後の事実関係を正確に掌握《しょうあく》することが大切になります。しかし、一般に流布されている憲法問題の関連資料やマスコミ報道においては、そうした客観的な基礎情報や歴史分析がとても少ないように見受けられます。

むしろ、不安定で緊迫する時代風潮のなか、基本的事実関係の確認を飛び越えた憲法改正の是非《ぜひ》論、またはイデオロギーや政策の主張へと傾きがちであり、最も大切であるはずの客観認識のプロセス自体が一つの盲点となっているきらいがあります。

以上の点を踏まえ、慧眼ある読者の参考に資するため以下の考察を進めます。


21世紀早々に発生した9・11事件以後の現代世界においては、予期できないテロとの戦いが国際社会の大きな課題となり、各国において安全の確保は最も優先される政治課題となりました。その後、テロ撲滅を図るため、アフガニスタンおよびイラクは一時、米国およびその同盟国の軍事攻撃の対象となりました。米軍および同盟国軍の撤退後は、両国の復興が図られていますが、散発的な自爆テロの発生など、思わぬ妨害要因が多くあり、その歩みは遅々としてはかどっていません。治安維持のため、一時は増加派兵等も行われたものの、双方の人命の損傷が続き、想定外の犠牲と労苦を強いられてきたのが実情でしょう。労多くしてなお、両国の治安はいまだ安定には至ったとは言えません。

また、「アラブの春」の潮流で引き起こされたシリアの反政府運動は、体制側による徹底した武力弾圧が行われたものの、民衆（反政府軍＝自由シリア軍）の蜂起は収まるどころか激しい内戦状態となって犠牲者数は拡大しています。

いかに強大であっても、武の力学では決して世界を円満に治めることができないという証《あかし》を、今日の人類は明確に知らされつつあります。国際社会が望むテロの撲滅には、武力ではなく、地域の貧困を解消しその土地の人々が健やかに暮らせる社会環境が整備されるよう、息の長い国際協力を行うことが大切になるものと考えられます。しかしながら、対象国が排他的な独裁国家であったり、二国間協力の当該国《とうがいこく》同士の政策の背後に、宗教やイデオロギーの対立構造が潜んでいる場合、事は単純ではなく多くの困難を伴います。

実は、人類の未来がこうした事態に至る危険性は、60数年も時をさかのぼる第二次世界大戦直後、すでに昭和天皇によってお見通しされていました。それは、「銃剣によって平和がくることとは考えられぬ」というお言葉として降され、その大御心《おおみこころ》が具体的に表明され、恒久的に動かぬ条文として制定されたものが、戦後の平和憲法9条であり、そこには、秘められてきた日本の戦後史の真相があったのだという見解があります。

憲法9条のご発想の元が、憲法1条に象徴として謳われる天皇その人であった、という見方について、そのような歴史認識は現代の日本においても一般的ではなく、一部の熱心な普及活動が行われてはいるものの、未だその史的検証が充分にされ尽くしたとは言えない状況にあります。

一方では、大本教《おおもと》や「日月《ひつき》神示」などを含む古神道《こしんとう》系の活動にたずさわる人々の間において、数霊による大いなる天の啓示を読み取るべきであるという主張が為されます。そこには、「1と9を結ぶなら10でトが開かれる」という〝岩戸開き〟の秘数の暗示があるというのです。言い換えるなら、日本文明のアルファは天皇に関係し、また、オメガは究極の文明の所産でもある原爆の行使によって結果的に生み出された、武力全面撤廃の平和憲法なるものに関係し、この両者の関連性を究明することに新たな時代を開く鍵が秘められているということができます。そしてまた、古神道の諸々の伝えによるなら、日本が世界の雛形《ひながた》である祖型《そけい》国家ともされるゆえ、上記の文脈はまた、世界文明のアルファとオメガとしても適用可能となりうる、ということを示唆します。

少なくとも「日本国憲法」の1条および9条というのは、人類が新世紀に求められる恒久平和の歴史へ歩みを進めんとするに当たり、どちらも避けては通れない重要なテーマである、という結論が導き出されます。それは、9・11テロ事件以後の世界の混沌を救済しうる、日本人にさえ秘められてきた鍵であったのかも知れません。

この問題は、今後の世界全体の命運がかかってくる可能性を有する重大なテーマです。以下、近代の歴史的資料も参考に供しながら、このテーマについて更に考察を進めてみたいと思います。

## 2　戦後日本の憲法誕生秘話

第二次世界大戦末期、日本軍は敗戦が明確となってきた時期においても、一億総玉砕も辞さぬ構えで本土決戦に臨む覚悟でいました。米軍は昭和20年4月1日、沖縄本島に上陸侵攻し、これにより沖縄は地上戦の戦場となって、十数万人の老若男女が非業の死に追いやられ、また一万人以上ともいわれる自決者を出すなど、沖縄県民は大きな犠牲を被りました。

やがて、運命の8月6日、広島にはウラン型原子爆弾が投下され、その炸裂により、瞬時にして7万8千人（同年末までに約14万人）が犠牲となる大惨禍を被ります。そして8月9日、長崎にはプルトニウム型の原爆が投下され、またも一瞬にして2万7千人（同年末までに約7万人）が死亡する惨禍を目の当たりとします。もはや如何《いかん》ともし難《がた》い戦況のなか、最後のときを迎え本土決戦か敗戦の受け入れか、最高戦争指導者たちの意見は割れ、御《ご》前《ぜん》会議において最終判断は昭和天皇に委ねられます。
昭和20年8月14日のその時、昭和天皇は自ら万難をご覚悟のうえ、戦争継続を裁断され、国体護持のみを条件に、終戦およびポツダム宣言の受諾をご聖断されます。それは間もなく迎えた翌15日の正午に、「堪え難きを堪え、忍び難きを忍び、もって万世のために太平を開かんと欲す」というラジオの肉声を通して、終戦の玉音《ぎょくいん》放送として全国津々浦々の国民に伝えられました。

降服により、独立国家としての主権を事実上失った日本は、その統治権をGHQ――連合国軍最高司令官総司令部に委ね、8月30日、その最高司令官であるマッカーサー元帥が厚木基地に降り立ち、いよいよその時点から、日本の戦後政策はスタートすることになります。

マッカーサー

ちなみに、この占領統治体制は、サンフランシスコ講和条約が発効し、独立国家としての再出発が始まる昭和27年4月28日まで継続されることになるのです。

ポツダム宣言の要項に基づき、GHQが終戦後まず課題としたのは、二度と戦争の惨禍を繰り返させないために、日本の軍事力の基《もとい》となっていた軍国主義体制の徹底した解体を図り、言論・宗教および思想の自由、ならびに基本的人権の尊重を基盤とした民主化政策を推し進めるということでした。

ここに、戦後改正された民主憲法の原点があります。その三大原則は、①国民主権　②基本的人権の尊重　③戦争放棄　ということでした。

また、それまで現人神《あらひとがみ》とされてきた天皇は、ほどなく〝日本国の象徴〟として定義されることになります。

マッカーサー元帥によって、それまでの「大日本帝国憲法」に改正が求められたのは、同年10月4日のことでした。これにより、幣原喜重郎内閣が、実質的に新たなる憲法の草案作成に取りかかることになります。そして、完成した「日本国憲法」が公布されたのは翌21年

（1946年）11月3日のことで、翌々22年5月3日に施行されるに至ります。

一般に、占領下にあって日本固有の主権が制限されている時、GHQの意向が強く反映され、強制力が働いたうえで出来上がったのが戦後の「日本国憲法」であり、日本の独立自尊の体《てい》をなしていない時期に暫定的に制定されたものであるため、やがては憲法の然るべき改正が必要であろうという議論が、戦後の日本においては長く交わされてきました。

特に、〝交戦権の放棄〟までを謳う憲法9条は、自立した民主国家として当然の権利であるはずの正規の防衛力を持てない桎梏《しっこく》となっており、それ自体不条理である、という見解を持つ人々は、現在においても保守派層の多くの部分を占めるものと考えられます。

というのも、原則的に近代民主主義は、

①政治が人民の一般意思に基づいて行われること

と共に、

②国家の主権や秩序が他によって侵害されるような時には人民自ら武器をとって戦いこれを守ること

という二つのテーゼがワンセットになっている政治思想であり制度であるからです。

さて、ある意味、近代民主主義にとっては常識外のものともいえる戦後の平和憲法の産みの親が天皇陛下であらせられたこと、その恩恵を被って今日にいたる日本の繁栄と国民生活の平安が得られたこと、が本当に戦後史の隠れた真相であったのかどうか、私達はここで真摯なる確認作業に入らねばなりません。なぜなら、憲法9条の制定が単なる米国のお仕着せの自虐的なものに過ぎないならば、ここに至って日本がそれを世界に冠たる平和憲法として誇りをもって提唱するにはあたわないことにもなるでしょう。むしろ、占領期以来の呪縛をほどいて、独立国として相応しい〝国軍（国防軍）〟の存在を認めた憲法に、一刻も早く改正すべきであるという結論にも導かれるでしょう。

しかしながら、もし本当に憲法9条というものが、終戦直後の日本において天皇陛下の大御心のお陰をもって自ら自発的に発したものであるのならば、それは混沌の度合いを増しつつある近代民主主義の国際的潮流にあって、既に世界に率先垂範して示されていた更なる時代の先端モデルを示唆するものであったということともなり、その活《い》かし方次第では、新しい地球平和の統合的世界建設のための道義的かつ法的な礎《いしずえ》とさえなり得ましょう。

それは、混迷を深める現代世界において、遅かれ早かれ世界諸国が後に続いて遵守せざるを得なくなるであろう究極的な道義であり、恒久平和を樹立するための最終選択肢である、というふうにも結論付けられます。

なぜなら、それが世界に発信され、世界諸国に路線転換の選択肢が下されない限りにおいては、一神教を主とした宗教同士、あるいは異なるイデオロギー間のゾロアスター的善悪二元の霊的闘争ないし思想的闘争は止む術《すべ》がないからであり、ここにおいて、日本の平和憲法の理念は、疑心暗鬼の終末の世において、霊的には太陽神ミトラの光明となり、道義的・国際法的には世界唯一の救世の鍵ともなり得る、という結論に導かれます。

さて、このような現代世界を左右するような重大問題が、肝心の日本において永い時間埋もれてきており、尖閣諸島・竹島等の領土問題が浮上してきた今日に至って、これに呼応するように憲法改正の是非論がにわかに賑やかとなってきています。

しかし、ここまでの考察からも明らかなように、今日衆目を集めている憲法改正問題は、単なる領土保有や国益重視のみの観点から、安直に、皮相的に結論を下して済まされる問題ではないのだという認識がまずは大切です。そして、客観認識を怠った場合においては、天皇陛下の大詔《おおみことのり》に真っ向から反する政治判断に陥ることも起こり得るのであって、そのような祭政不一致の政策が推進されていった暁には、取り返しの付かない事態を招くことも充分にあり得るという認識が共有される必要があります。

ところで、終戦後の憲法改正案が帝国議会の最後の第九十議会に提出されたとき、幣原は既に首相の任を降り、吉田内閣の国務相となっていましたが、昭和21年8月27日、貴族院においてを彼は次のように第9条に関する所信を表明するに至りました。

「改正案の第9条は、戦争の放棄を宣言し、わが国が全世界中、最も徹底的な平和運動の先頭に立って指導的役割を占めることを示すものである。今日の時勢になお、国際関係を律する一つの原則として、ある範囲の武力制裁を合理化、合法化せんとするがごときは、過去における幾多の失敗を繰り返す所以《ゆえん》であって、もはやわが国の学ぶべきところではない。文明と戦争とは結局両立し得ないものである。文明が速やかに戦争を全滅しなければ、戦争がまず文明を全滅することになるであろう。私はかような信念をもってこの憲法改正案の議に与《あずか》ったのである」

今日、国防の意義を含め、再び第9条を含む憲法の改正が必要であるならば、それが発せられた時代まで遡《さかのぼ》り、様々な角度から客観性のある確認作業を行うことが大切です。それなくしては、知らずして文明史的な時代の逆行を犯し、先人達の尊い業績を水泡に帰すことにもなり兼ねないでしょう。

事が重大であるゆえ、この問題はより多くの人々にじっくりと吟味してもらう必要があろ

う と思われます。そしてそれは、現代の日本人の既成概念や意識のコペルニクス的転換を促す可能性が大なのであって、その国民一人ひとりの意識転換の渦《うず》こそ、平成の世界平和維新ともいえる壮挙をもたらすことになり得るものと考えられます。

ところで、日本の古神道的世界観において、昨今人々の話題にも上ることの多くなってきたこの世界維新、地球開闢《かいびやく》維新についてですが、その歴史的な型示《かたしめ》しのモデルとしては、明治国内維新の構図の中にすでにその雛形《ひながた》＝プロトタイプを読み取ることができます。したがって逆に、明治維新をよく研究するならば、この度近未来において展開することとなろう地球開闢維新の流れがよく解るようになる、ともいえます。では次に、かつて日本国内に起こった明治維新の流れを追って見ることにします。

## 3　明治維新にみる史的発展プロセス

幕末期における明治維新の潮流では、1853年に米国の海軍軍人ペリーの黒船艦隊が浦賀に来航し、幕府に開国を要求します。それまでの日本は、島国の中に北から南まで、薩摩の国、常陸《ひたち》（水戸）の国、というように日本を割譲分担して統治する「藩《はん》」が一国一城の主《あるじ》となり、幕藩封建体制の中核である徳川幕府に参勤交代で仕えるというシステムで成り立っていました。黒船の来航は、幕藩体制に大きな揺さぶりをかけることになります。

開国によってもたらされるであろう、欧米列強の近代資本主義の潮流にどのように対峙すべきか、日本国内の意見は割れました。開国の要求に対し、長州藩、水戸藩等は「尊皇《そんのう》・攘夷《じょうい》（外国人排斥思想）」の牙城となります。一方、薩摩藩、土佐藩等は「佐幕《さばく》（徳川幕府擁護派）・開国」の牙城となって、両者の考え方に拮抗《きっこう》対立が生じます。

「尊皇・攘夷」論者は、それまで長い間、幕府政治の連続によって奥の院に隠れていた天皇を中心とした一致団結を唱えます。またさらに、東アジアにおける欧米列強の資本主義や植民地主義の動きを察知していた彼等は、徹底した外国人排斥思想によって、それまで徳川幕府の方針で200年以上も続いた鎖国体制を堅持しようとします。1840年には、清とイギリスの間にアヘン戦争などが起こって清国に多大な犠牲も出ていたことから、東インド会社などの東洋経営の動きを警戒したのです。「尊皇・攘夷」の牙城だった長州藩には、吉田松陰という指導者があり、自宅内に開いた松下村塾《しょうかそんじゅく》から、やがて木戸孝允《たかよし》、高杉晋作、明治時代の初代総理となる伊藤博文らをはじめとする門下を輩出します。また水戸藩には、日本に渡った儒学をベースとして日本独自の大義名分論を水戸学として理論構築し、尊攘《そんじょう》派の志士たちに多大な感化を与えた藤田幽谷《ゆうこく》、藤田東湖《とうこ》親子がありました。ただし、水戸藩は同時に徳川御三家として幕府を擁護《ようご》する立場でもあって、藩内を二部する尊攘派と佐幕《さばく》派の深刻な対立が生じた経緯があります。

一方で「佐幕・開国」論者の方は、それまで長く日本を安泰に統治してきた徳川幕府を擁護し、朝廷と幕府の折衷《せっちゅう》体制を実現化させようとしました。いわゆる公武合体《こうぶがったい》運動です。

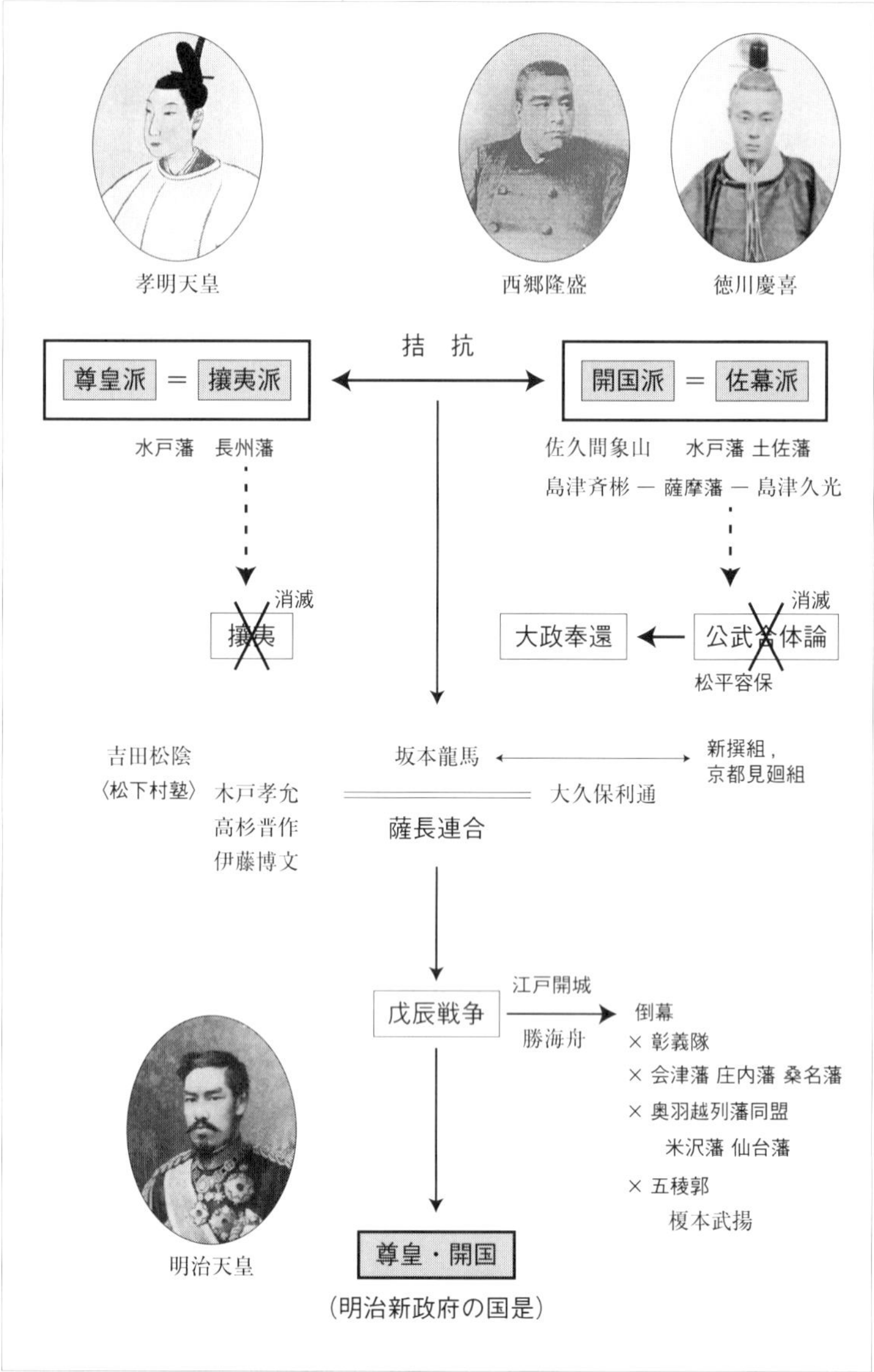


図1 明治維新の発展プロセス

また、攘夷論とは反対に、大きな時代の流れの中で、遅かれ早かれ日本の開国は避けられない時代の潮流であることを感得し、むしろ能動的にそれまでの鎖国体制を解き、開国して国際社会のなかでの新しい時代の日本のあり方を模索しようとします。「佐幕・開国」の牙城だった薩摩藩には、海外の技術をいち早く導入し、殖産興業の基《もとい》を築いた島津斉彬《なりあきら》という指導者がありました。また、儒学と洋学の大家であった佐久間象山《しょうざん》は、新しい時代を開くに当たり、東洋精神と西洋技術の融合が要《かなめ》となることを説き、その門下から勝海舟、吉田松陰、坂本竜馬らが出たのでした。

ここに、幕末の風雲児といわれた土佐藩の坂本竜馬が登場します。幕府のご意見番である勝海舟に航海術を学んだ竜馬は、長崎に日本初の会社組織とも言われる海援隊を創立し、海運に従事して薩摩・長州の両藩に武器を輸送しながら、両藩の間を取り持ち、薩長連合を実現させてしまうのです。これによって、それまでは相容れなかった「尊皇・攘夷」と「佐幕・開国」の間に大きな変化の兆しが起きてきます。その過程において、攘夷論は鎮静に向かい、開国論が優勢となります。また、薩長連合の倒幕運動の圧力に対し、15代将軍の徳川慶喜《よしのぶ》は政権の返上を朝廷に上奏し、1867年秋には大政奉還が実現し、同年12月9日には王政復古が宣言されます。

しかしその後も、錦《にしき》の御旗《みはた》を掲げる朝廷軍となった薩長連合の幕府追討の動きは止まず、翌1868年早々からこれに対抗しようとする旧幕臣主戦派の会津藩、桑名藩との間に鳥羽・伏見の戦いが起こり、戊辰戦争が開始されます。西郷隆盛を参謀長とする朝廷軍はこれを破り、さらに、徳川幕府の本拠がある江戸城に進撃します。これに対し、徳川方は戦争を回避するため江戸城の開け渡しを決めますが、旧幕臣が彰義隊《しょうぎたい》を組織して抵抗を続けようとします。

そのままでは、3月15日に計画された朝廷軍の江戸総攻撃が避けられない状況の中、江戸に一足先に入った西郷隆盛と、幕府側代理人の勝海舟の会見が直前の13日に取り持たれ、この両者の談判によって江戸総攻撃は急遽取り止めとなります。また、朝廷軍の臣《おみ》たちの意向は徳川慶喜を死罪に処すというものでしたが、これも西郷と勝二人の話し合いの結果、その直後に西郷が軍臣たちを説き伏せたことで、死罪は許され保護されることになります。

こうして、事の次第では、江戸百万の市民が惨禍の中で大きな犠牲を被っても不思議ではなかった江戸城の開城という困難な仕事は1868年4月11日、ほぼ無血で成し遂げられ、とうとう徳川265年間の幕藩体制にはピリオドが打たれます。そして、その前年に崩御《ほうぎょ》された孝明天皇のあとを受けて皇位に就かれた明治天皇を中心とする、新たなる明治の御世《みよ》がスタートすることになったのでした。以来、江戸城跡には皇居が京都から遷座して置かれ、今日にいたっています。以上が明治維新の大体の経緯です。

要約すると、過去にあったこの時代の大変革は、「尊皇・攘夷」および「佐幕・開国」という相反する二者間の立場の拮抗対立から、薩長連合の成立によって一種の化学反応が起こり、熟成昇華のプロセスを経るなか、双方からそれぞれ攘夷と佐幕が淘汰され、〝尊皇〟と〝開国〟が結ばれ、結果的に「尊皇・開国」という新体制を成し遂げたのが明治維新の要諦《ようてい》だったといえることになります。

さて、以上に見た明治維新のプロセスが、これから世界的に起こる可能性のある地球開闢維新の型示し、または雛形＝プロトタイプとなるのでしょうか。次に、これまで述べた明治維新の構図と比較対照しながら、戦後日本の今日まで至る流れを見てみます。

## 4　平成世界維新にみる史的発展プロセスの必然性

戦後の日本では長年にわたり、右派（保守）と左派（革新）が拮抗対立しながらも、全体のバランスを保ちつつ今日に至るという摩訶不思議な政治的力学が常に働いてきました。周知の通り、右派は天皇尊重（憲法1条）を高く掲げ、憲法9条ことに第2項は廃棄し、正規の国防軍を持てるようにすべきだとします。逆に左派は憲法9条を世界に冠たる〝平和憲法〟として掲げ、天皇制（憲法1条）の排斥を訴えてきました。

実は、この流れこそは、人智を遥かに超えた神計りであったものと考えられます。というのも、必然的に働いた国内の右派・左派、二極のバランス調整作用によって、日本は東西冷戦の時代も、米ソの間にあり親米で極東の自由主義圏の防波堤となりながらも、極端には傾斜せず、共産圏にも糾合《きゅうごう》されず、国際軍事バランスに関しては一見蚊帳の外にありながらも、結果として、憲法1条、9条に謳われる象徴天皇制と戦争放棄を同等に護持しながら今日に至っているからです。そしてこの間に、日・米・欧という世界における三極のかなめの一つとしての機能を担いつつ、大いなる発展を遂げてきました。そして今、この憲法1条と9条にこそ、平成世界維新のヒントが隠されているものと考えられるのです。

現実問題として考えてみた時、ポツダム宣言受諾から始まった終戦後の経緯をみても明白なように、日本にはもうあからさまな再軍国化の道は許されていません。仮に日本が、憲法9条を廃棄して正式な再軍備の道に踏み込んだら、他の国々に対しては、世界唯一の被爆国として軍備撤廃や核廃絶を訴える資格を喪失し、かつアジア各国に対しては再軍国化の脅威を過去の悪夢とともに蘇らせる結果を引き起こすことになるでしょう。

現在の日本では、世論が平和憲法の改正を求めて過半数を超え、正規軍を保持することになったら、最後には原水爆やレーザー兵器でさえあっという間に完備してしまう技術的かつ経済的な必要条件を備えています。しかし、果たしてそれによって、本当の意味で日本と世界の平和が守られるのか、熟慮する必要があるでしょう。憲法9条を改変し、正規軍を保持することが、平和を守るのでなく、近隣諸国を刺激し、核戦争の導火線になるような危険性を増すものであるなら、元も子もないからです。

日本が今再びその方向性をたどるのは、すでに米国が世界の警察を自認して、その路線をひた走ってきた結果、国際テロの問題に深刻に悩まされ、いよいよ難しい状況に入ってきた9・11事件以降の昨今、ナンセンスであるという見方は、左派層の多くに共通した見解といえるでしょう。

「日本の再軍国化は、きわどいパワーバランスのテーブルの上に乗っている今日の地球が、歯止めを失い、本当の破滅に向かう第一歩でもある」と明言されたIAEA（国際原子力機関）のエルバラダイ元事務局長の声もまた、外国人の立場から端的にそれを示唆した言葉と思われます。

小さな島国の日本は、経済発展によって今日、超近代都市国家となっており、そこに1億3千万の人口が集中しています。港湾部には石油コンビナートが立ち並ぶほか、都市部ではビルや住宅や車両が充満し、地下にはガス管が縦横に張り巡らされています。また、全国に54基もの原子力発電所の原子炉が設置されています。

こうした国土を取り巻く状況にあって、専守防衛を宣言している日本は、先制攻撃など間違ってもできません。逆に、非常に命中度の高いミサイルを所有している他国から核ミサイル攻撃を受け、万が一、一発でも炸裂したなら、空恐ろしい目も当てられぬ大惨事となることは明白です。また、そうなれば有効な反撃も困難となり、仮に敵国の都市を幾つか攻撃で

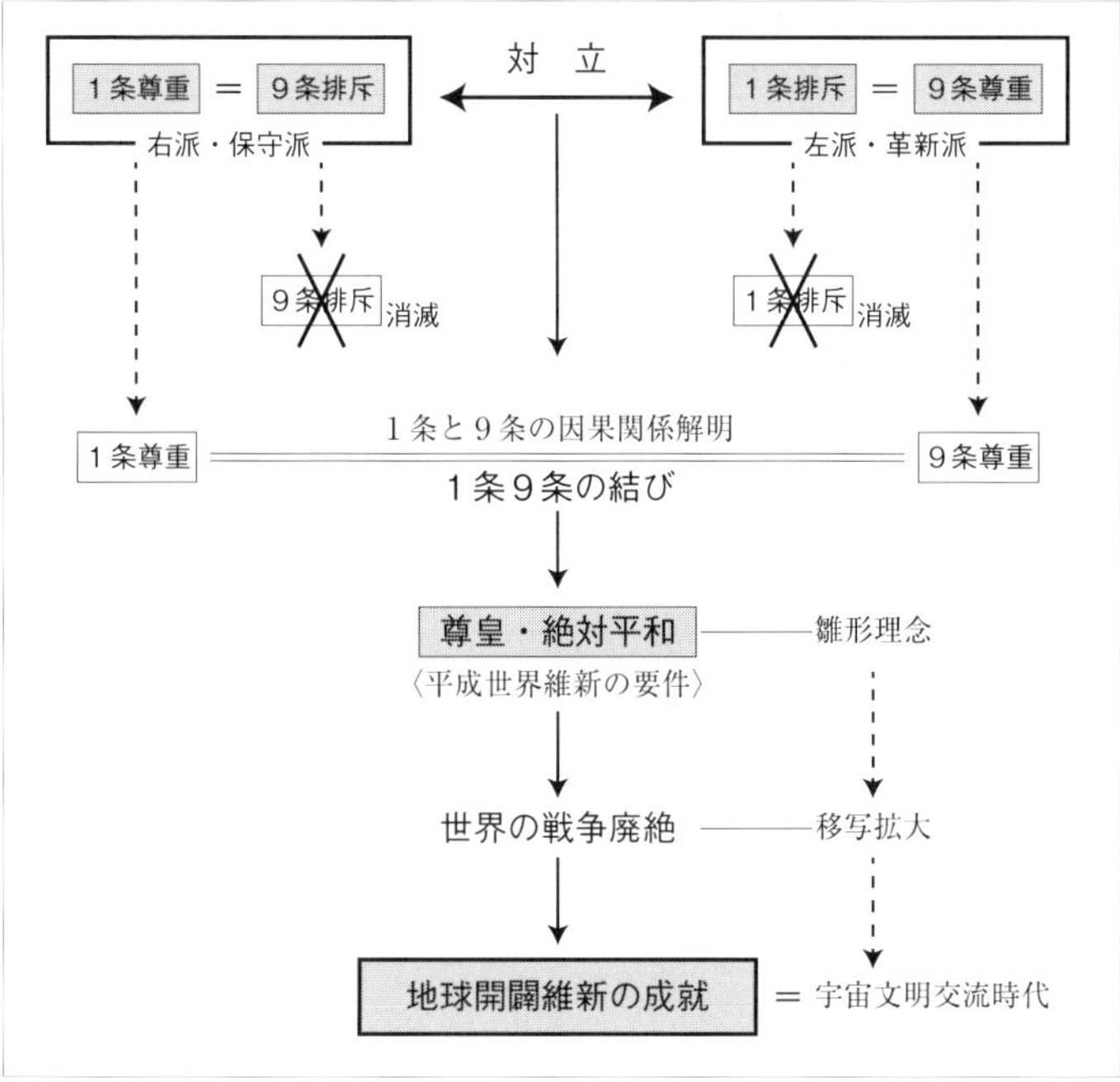


図2　平成世界維新の発展プロセス

きたとしても、それは先の世界大戦を上回る泥沼の殺し合いの悪循環が開始されることを意味し、双方甚大なる痛手を負いながら潰れてゆくことでしょう。少し熟慮するなら結局、21世紀の今、実は日本には戦争への道はどこにもない、という結論に導かれます。

しかし同時にまた、他国が日本を武力侵攻して利を得ることも、実は今日では絶対不可能であり、非現実的であり、幻想である、ということに為政者や国民は明白に気付かねばなりません。なぜなら、経済大国となった日本は、膨大な輸出入で賄われている世界マーケットの中において、必要不可欠な生産者かつ消費者の位置を占めるに至っており、すでに世界で最も重要ともいえるバランサーの役割を果たしています。このような今日の日本を武力攻撃することは、貿易面での世界的均衡を破壊し、米国、アジア、ヨーロッパ等、みなに深刻な困窮をもたらす結果を招き、全世界からの大反発を被ることは必至です。それは即、全世界相手の戦争を意味するでありましょう。

そのようなこと自体、事実上不可能でありナンセンスであって、事の実相に肝心の日本人をはじめ世の人々が早く目覚めることが大切です。むしろ、新たな明るい人類史の未来が開かれるため何が必要とされるのかを研究模索し、その実践方法を考える方が、遥かに現実的で有意義ではないでしょうか。日本古来の岩戸開きの神話とは、世界諸国が出来ずしてジレンマにある課題を、高所大局の視点から解決へと導くべき日《ひ》の本《もと》独自の高度な役割を暗示していたのではなかったでしょうか。過去の維新も、己《おのれ》を捨て神人合一した志士たちによって、人智を超えた高次の導きがあって成し遂げられたのです。

その逆に、人間性悪説的な観点に立ち、見える次元での自己防衛のため、そして国益の衝突から、大きな犠牲を伴った二度の世界大戦を行い、さらには他者への疑心暗鬼から冷戦を通して極限まで軍備を拡大したのが20世紀の人間の歴史でした。しかし、２００９年のオバマ大統領のプラハ演説に見るように、諸々の困難な国際問題を抱えながらも、少しずつ軍事的緊張の雪解けに進む努力が見え始めているのが21世紀の現在です。

今、中国や北朝鮮が核武装しその弾頭が向けられるゆえ、再び日本は米軍を頼みとしながら〝自衛〟のため物量的に戦える正規軍を整備拡大するのか、あるいはまた、物量的次元を超えた〝空〟の精神に立ち、むしろモノに執着して対立しあう国同士の軍備が撤廃へ向かうような道義を求め、平成世界維新の〝岩戸開き〟が成就されうる道を模索するのか。

全体的破滅の回避を第一義として、結論を述べるなら、日本には、アジア地域で起きた過去の犠牲を悼《いた》み、深い反省と洞察に立ったうえ、徹底した完全平和主義により世界の恒久平和の樹立に向かう以外の道は残されていないものと考えられます。

そして世界諸国は、今がまさに聖書黙示録の最終末に近づいた時であることをはっきりと悟り、民族間・宗教間の疑心暗鬼と武力闘争の過去・現在を深く省察《しょうさつ》して、この新たに東洋から発信された光明、すなわち文明史究極のオメガ――9条に象徴される日本の平和憲法が、地球滅亡を免れ、恒久平和が確立される人類後史への登竜門であったことに気付くべき最後の時が到来している、ということがいえましょう。すなわち今、それは新しい時代の人類憲法として普遍化されるべき時期を迎えているのです。

## 5 「憲法9条」――誕生の背景

さて、ここで私達は、もうひとつの重要な確認作業を行わねばなりません。この戦後の平和憲法として知られる9条の生みの親が天皇陛下であられたという見解に、果たして充分な客観性があり、それが歴史的事実であったのかどうかということです。

第9条「日本国民は、正義と秩序を基調とする国際平和を誠実に希求し、国権の発動する戦争と、武力による威嚇または武力の行使は、国際紛争を解決する手段としては、永久にこれを放棄する」

2項「前項の目的を達するため、陸海空軍その他の戦力は、これを保持しない。国の交戦権は、これを認めない」

終戦直後の昭和23年に内閣総理大臣を務め、法学博士でもあった芦田均《あしだひとし》は、この９条第１項は、「パリ不戦条約」の第１条の文言に基き、ＧＨＱにより作成されたとしています。

「パリ不戦条約」とは、第一次世界大戦後の１９２８年に締結された多国間条約で、確かに「国際紛争を解決するする手段として、締約国相互での戦争を放棄し、紛争は平和的手段により解決する」ことが規定されています。この条約は当初、米国、イギリス、フランス、ドイツ、イタリア、日本という当時の列強を中心とする15カ国により署名され、後にはソビエト連邦を含む63カ国が署名するに至りました。

芦田均

しかしながら、加盟国は原則的に自衛権を保持することが繰り返し確認され、批准に際して米国は、自衛戦争は禁止されてはいないとの解釈を打ち出し、イギリスと共に、自国の利益に関わることで軍事力を行使しても、それは侵略ではないとの留保を行います。また、条約違反に対する制裁も何ら規定されてはいなかったため、結局は強制力を持ち得ず、世界は第二次世界大戦へとなだれ込むことになるのです。

さて、その第二次大戦を経た後、日本において制定をみるに至った新憲法の第9条と天皇の関係に関しては、これが憲法問題の極めて重要なポイントでありながら、見落とされてきた感があり、この分野の研究者も決して多くありません。特に政治家や憲法学者などの責任者は、今一度冷静な見直し作業をしてみるべきものと考えられます。この分野の代表的な先駆者としては、西光万吉《さいこうまんきち》氏、西村見暁《にしむらけんぎょう》氏、河内正臣《こうちまさおみ》氏、大森実《おおもりみのる》氏らが挙げられます。

中でも、河内正臣氏は、広島の町が原爆に焼き尽くされる地獄絵図を幼少時4歳の鮮烈な原体験とされており、それが、後年の真摯で熱心な平和活動へとつながることになります。

1976年正月、河内氏は、阿蘇の幣立《へいたて》神宮にて西村見暁氏から「憲法9条のご発想者は昭和天皇であらせられた」と聞かされ、大変なショックを受けられたと言います。この話を河内氏もすぐには信じることができず、色々な質問を投げかけます。しかし、仏教徒としての高い見識をもち、金沢大学で宗教学を教えておられた西村見暁氏に様々な話を具体的例証を挙げて聞かされるうち、河内氏はこの話が本当のことに違いないという確信を得ます。

そして、その後30年以上にわたり、独自に立ち上げた「天皇の真実を知る会」（現在は「1条9条の会」へ引き継がれる）を通して、熱心な普及活動を継続されることになるのです。

そもそも、河内氏は1960年代には警視庁の第四機動隊に勤務され、安保条約反対の嵐が吹き荒れた学生運動の盛んな時代、運動を取り締まる側の立場にありました。しかし、思うところあって辞職され、やがて独自の愛国運動に没頭するようになります。

河内氏は警視庁の辞職以来10年近くにわたり、東京で原爆の悲惨さを訴えつつ世界平和運動を実践されます。日米安保に反対する学生運動が最高潮に達した１９６９年には、東京皇居前から広島平和公園まで「世界人類が平和でありますように」との祈りを捧げながら、徒歩で53日間をかけ12名の仲間と平和行進を実行します。

しかしながら、間もなく宗教組織に基盤を置いた平和運動の限界に達した河内氏は、結局全てを諦《あきら》め、故郷の広島へ帰って地道に働いて生活していこうと決意されます。その前に、気持ちを整理して新たな生活を始める決心を固めるため、氏は日本の古い聖地を歩いて、それまでの活動における神のご加護に対し、感謝のお参りをしてみたいという気持ちになられたといいます。向かったのは、天皇家の発祥の地とも伝えられる天孫降臨神話で有名な九州の高千穂神社でした。

河内氏は、その3年ほど前に、西村見暁氏とは東京で面識を得ていました。そしてその当時、阿蘇の幣立神宮で神仏にまつわる活動をされていた西村氏に、九州へ旅する時には是非連絡するように、と言われていたことを思い出し、幣立神宮に立ち寄られたのが先の事の起こりでした。

ちなみに、1976年正月にこの話を聞かされた河内氏のショックは、やがて大変な感銘に変わり、昭和天皇の在位50周年にも当たる同年の8月15日、氏はそれを祝って広島平和公園から「天皇陛下ありがとう行進」を開始され、道中諸々のハードルを経ながら、日本晴れの10月10日に東京皇居前へ到着するという劇的な体験をされます。それらの経緯において、氏は諸々の天啓を受けるのですが、その内容については著作『天皇の真実』(1978年初版)に詳述されています。


さて、今日においても、「憲法9条が昭和天皇のご発想であった」と突然聞かされたなら、多くの人々にとっては、〝晴天《せいてん》の霹靂《へきれき》〟に等しい話に聞こえるのではないかと推察されます。

ここでまず、その大まかな確認作業を進めていきます。


憲法9条が昭和天皇のご発想であったという例証のひとつに、西村見暁氏が指摘された次のような話があります。

昭和20年(1945年)の終戦直後、GHQのマッカーサー元帥が昭和天皇といよいよ9月27日に会見することが決まった時、それに先立つ25日にニューヨーク・タイムズの記者クルックホーンが昭和天皇に面会し、ある質問を発します。

クルックホーン「陛下は最新兵器原爆の出現が、将来の戦争をなくするとお考えになりませんか？」

昭和天皇「銃剣によって、または、他の武器の使用によっては、永遠の平和は樹立されることは考えられぬ。勝利者も敗北者も武器を手にしては、平和問題は解決し得ない。真の平和は、自由なる人民の協力一致によってのみ達成される（筆答）」

このやり取りは、すぐさまクルックホーンによってニューヨークに打電され、27日のニューヨーク・タイムズにセンセーショナルなニュースとして掲載されます。それが逆発信される形で日本に達し、９月29日には日本の朝日新聞のトップ記事として掲載されます。

マッカーサー元帥が、日本の憲法に改正を示唆したのは、天皇との会見の直後の10月４日のことでした。これを受けた東久邇宮《ひがしくにのみや》内閣は、５日後の10月９日に解散します。

この内閣は、混乱が想定された終戦直後の事後処理のため、皇族の東久邇宮稔彦王《なるひこおう》を筆頭に8月17日急遽編成されたもので、二ヵ月足らずの政権を幣原喜重郎内閣に委譲します。

従って、幣原内閣が、実質的には新たなる憲法草案の作成に取りかかることになります。このとき既に、新憲法の骨子となる三原則、すなわち「国民主権」、「基本的人権の尊重」、「軍政の廃棄」は大体において検討付けされていたものと考えられます。米国にとって、この戦争の大義名分は東アジア一帯における日本の軍国覇権主義の解体と、民主主義を日本に根付かせることにあった訳ですから、それは当然の流れと見られます。戦後の「日本国憲法」が公布されたのは、いみじくも明治天皇のご生誕日にも当たる昭和21年11月3日であり、ちょうど半年後の翌22年5月3日から、吉田茂政権下において施行されることになります。この新憲法が制定される日まで、一体どのようなドラマが展開されたのか、さらに詳しく追って見てみましょう。


まずここで私達は、マッカーサーが具体的な行動に出る直前の9月27日に取り持たれた昭和天皇との会見時に、そこで一体何があったのか、その真相について深く洞察する必要があります。なぜなら、終戦後の憲法改正に関する本当の出発点は、まさに昭和天皇とマッカーサー元帥が初会見をしたその日にあったものと考えられるからです。

8月30日に日本の厚木海軍飛行場に降り立ったマッカーサー元帥は、まず最初の仕事として、着任間もない9月2日、東京湾の米戦艦「ミズーリ号」上で取り持たれた日本降伏文書調印式を主宰します。その後の9月15日、ＧＨＱの本部が置かれることになる東京皇居前の第一生命ビルを接収し、東京に移動してからも、しばらく天皇との会見については動きをとらずにおり、日本に赴任以来、すでに一ヵ月近く経過しようとしていました。

さて、この会見を先に申し入れられたのは、昭和天皇の方からでした。この時、マッカーサー元帥は、天皇から命乞いされる可能性もなきにしもあらず、と予測していました。第一回目の会見は30分ほどの予定でした。

以下は、このとき陛下に随行した一人である行幸主務官、筧《かけい》素彦《もとひこ》氏の報告です。

吉田茂

## 6　マッカーサー元帥と昭和天皇の初会見

その日、午前10時少し前、皇居の二重橋方面から桜田門交差点へ向かう黒塗りの4両の車の列がありました。二両目の車の漆黒のドアには金色の菊の御紋章がついていました。その中に後ろ向きに陪乗《ばいじょう》しているのは藤田尚徳《ひさのり》侍従長、それに向かい合ってのモーニング姿は正しく陛下です。これに続く三両目と四両目の二両には、石渡荘太郎《いしわたそうたろう》宮内大臣、徳大寺《とくだいじ》侍従、村山侍医、奥村外務相参事官、それに行幸主務官の私、筧《かけい》が分乗していました。先頭車両には、皇宮《こうぐう》警察など御警衛《ごけいえい》関係の関係者が乗っていました。

この会見は、二・三日前から極秘裡に計画されたもので、沿道の交通整理の警察すら全く知らされてなかったのです。車列はアメリカ大使館正門へ到着すると、先行車のみ門外に止まり、御料車とあと二両が玄関に到着しました。時は午前十時です。

連合国軍最高司令官マッカーサー元帥は玄関には姿を見せず、副官のフェラーズ准将とバワーズ少将の二人が陛下をお出迎えして、広い廊下の途中でお待ち受けするマッカーサー元帥のところまで御案内し、ここで陛下は元帥と握手されました。長身の元帥がそり身であるのに対して、陛下はやや前屈みに見受けられ、いかにも元帥が威風堂々とした態度の如く見えて、敗戦国の悲哀をしみじみ感じざるを得ませんでした。

マッカーサー元帥と昭和天皇の会見

陛下は元帥の案内で奥の間に入られ、これには通訳の奥村参事官のみ随《したが》い、あとの5人はすぐ手前の控え室で待機しました。会見予定の30分を過ぎても何の音沙汰もなく、我々はいささか心配になってきました。40分ほど経った頃、突如、陛下がマ元帥とともに我々の部屋においでになりました。この一瞬、私は自分の目を疑うぐらい驚きました。なんと、先刻は傲然とそり返るかに握手したあの元帥が、陛下の斜め後ろに、敬虔とも見える態度で随従しているように見えたからです。

陛下は我々一人ひとりを元帥にご紹介になり、一人ひとりが握手をしました。この時の元帥の手の感触は柔らかく温かく、心のこもった感じでした。一体これはどうしたことでしょうか。

陛下は間もなくお発ちになりましたが、元帥は初めの頃とは全く態度が異なり、侍従長のような態度で玄関の扉の外までお見送りをし、腰をかがめて丁寧に握手をしてから、身を翻《ひるがえ》すように扉の内に消えました。陪乗の藤田侍従長の話では、お帰りの車中、陛下は大変朗らかに、いつになく色々とお話しになった由でありました。

この日のマッカーサー元帥の態度のなぞが解けたのは、実に満10年の後のことでした。

昭和30年9月14日の読売新聞に「天皇陛下を讃《たた》えるマ元帥、新日本の生みの親は自身の運命問題とせず」と題する終戦時の外相、重光葵《しげみつまもる》の特別寄稿の記事を見たとき、あのとき、陛下が御一身を犠牲にして一切の責任を負うことをマ元帥にお申し出になり、その結果、マ元帥が腹の底から感動して、心から陛下を尊敬するにいたった結果であることが判り、またしても、大御心《おおみこころ》の有難さ、かたじけなさが心の髄まで染み透った次第であります。

次に、マ元帥自身が重光氏に語った言葉の一部を前記の寄稿から転載させて頂くことにします。

「どんな態度で、陛下が私に会われるかと好奇心をもってお出会いしました。しかるに実に驚きました。陛下は、まず戦争責任を持ち出され、次のようにおっしゃいました。すなわち『私は、日本の戦争遂行に伴う如何なることにも、また事件にも全責任をとります。また私は、日本の名においてなされた、全ての軍事指導官、軍人および政治家の行為に対しても直接に責任を負います。自分自身の運命について貴下の判断が如何ようのものであろうとも、それは自分には問題ではない。私は全責任を負います。』これが、陛下のお言葉でした。私はこれを聞いて、興奮の余り、陛下にキスしようとした位です。もし国の罪をあがなうことが出来れば、進んで絞首台に上ることを申し出るという、この日本の元首に対する占領軍の司令官としての私の尊敬の念は、その後ますます高まるばかりでした。陛下はご自身に対して、いまだかつて私に恩恵を要請したことはありませんでした。とともに決して、その尊敬を傷つけた行為に出たこともありませんでした。どうか日本にお帰りの上は、自分の温かいご挨拶と親愛の情を陛下にお伝え下さい。その際、自分の心からなる尊敬の念をも同時に捧げて下さい」

その後、刊行されたマッカーサー元帥自身の回想記（昭和39年1月25日、朝日新聞所載「マッカーサー回想記」）にも、元帥自身の手によって書かれた一文があるので、ご紹介したいと思います。

「（前略）私は出来るだけ天皇のご気分を楽にすることに努めたが、天皇の感じている屈辱の苦しみが如何に深いものであるかが、私にはよく解っていた。私は、天皇が戦争犯罪者として起訴されないよう、自分の立場を訴え始めるのではないか、という不安を感じた。連合国の一部、ことにソ連と英国からは、天皇を戦争犯罪者に含めろという声がかなり強くあがっていた。現にこれらの国が提出した最初の戦犯リストには、天皇ヒロヒトが筆頭に記されていたのだ。私は、そのような不公正な行動が、如何に悲劇的な結果を招くことになるかが、よく解っていたので、そういった動きには強力に抵抗した。（中略）しかし、この不安は根拠のないものだった。ヒロヒト陛下は次のように述べられたのである。

『私は、国民が戦争遂行にあたって政治軍事両面で行った全ての決定と行動に対する全責任を負う者として、私自身を貴方の代表する諸国の裁定に委《ゆだ》ねるためお訪ねした』

私は大きな感動に揺さぶられた。死を伴うほどの責任、それも私の知り尽くしている諸事情に照らして、明らかに天皇に帰すべきではない責任を引き受けようとする。この勇気に満ちた態度は、私の骨の髄までも揺り動かした。私はその瞬間、私の前にいる天皇が、個人の資格においても日本の最上の紳士であることを感じ取ったのである。（後略）」

これを見るなら、当日、マ元帥の態度が急に変わったこともうなずけると同時に、戦前戦後を通して、国を思わず、自分の利益ばかり考える臣民《しんみん》の風潮を心から憂えるものでありま す。あの時、お出かけ前の陛下のお気持ち、ご会見後のお気持ちは、果たしてどんなであったろうかと、時々、改めて考察し、大御心の有難さをしみじみ思わずにはいられないのです。

——元宮内大臣官房総務課長　筧　素彦

## 7　平和憲法制定に至る史的経緯

以上に見る昭和天皇とマッカーサー元帥の出会いの経緯と、その後の昭和天皇から発せられたお言葉をつぶさに吟味し、その御意向のほどを察すると、完全平和を誓った憲法9条というものが、マッカーサー元帥率いるGHQの単純な強制であったものとは考えにくい点が浮上してきます。

特に、憲法9条第2項の〝交戦権の放棄〟という発想は、民主主義の先端国家アメリカの軍人であるマ元帥にとっては常識外の発想であったものと考えられます。いかに敗戦国といえど、それを日本に強圧してまで承服させる道理が、その時分のマ元帥にはなかったものと推察されるからです。

なぜなら、近代民主主義の大原則のひとつは、〝国家の主権や秩序が他によって侵害されるようなときには人民自ら武器をとって戦いこれを守ること〟であって、それが当然の権利として認められた政治制度であるからです。たとえ敗戦国であっても、然るべき条件付で交戦権を認めた（〝交戦権の放棄〟を敢えて謳わない憲法は必然それを容認していることになる）憲法草案を採択するのが、順当な展開であったでしょう。それは、同じ枢軸国で日本より一足先に敗戦したイタリアにおいてもドイツにおいても、当然のように容認されていたのです。

マッカーサー元帥と昭和天皇の初会見から間もない10月2日、ＧＨＱ――連合国軍最高司令官総司令部は、正式に東京の皇居前の日比谷第一生命ビルに本部を置くことになります。そして、初会見からちょうど1週間後の10月4日、マッカーサー元帥は日本政府に憲法改正を示唆しますが、その直後の10月9日にスタートした幣原喜重郎内閣はこれを受けて、同月25日に国務大臣の松本烝治《まつもとじょうじ》を委員長とする「憲法問題調査委員会」を設立させ、約三ヶ月をかけて「憲法改正要綱」を作成することになります。これは、日本政府による最初の憲法草案となるのですが、そこでは〝戦争放棄〟についての文言はなく、その大要は明治憲法の枠組みを出るものではありませんでした。

当節、米国にとって連合国の同志だったソ連のスターリンは、日本国土の北海道の北半分の分割統治を強く要求していましたが、トルーマン大統領はきっぱりとそれをはねつけ、日本の管理機構はマッカーサーを長とするＧＨＱに一本化する方針を定めていました。

東西冷戦の種火はまさに終戦直後の日本統治の頃からスタートしていたのです。マ元帥はGHQの最高司令官として、その占領政策の目的だった日本の民主化、そして強大であった軍産体制の無害化を急ぐ必要がありました。

また、終戦後になって、ソ連やイギリスからは天皇の戦争責任問題および天皇制存続について問い詰めようとする空気が濃厚になりつつあり、それに関しても、9月27日の会見以来、昭和天皇に心服し、天皇制擁護の立場を意識しだしたマ元帥は然るべき回答を用意する責任がありました。

10月11日には、マッカーサー元帥と幣原喜重郎首相の初会談の場が設けられるに至りますが、この時、マ元帥は日本統治の民主化政策として、新憲法の自由主義化を求め、具体的な「五大改革指令」が出されました。その内容は、

①婦人の解放　②労働組合結成の助長　③教育の自由化　④専制政治の廃止　⑤経済の民主化

であって、ここでも未だ戦争放棄には一言も触れられてはいません。

翌21年3月6日、戦後日本の新憲法の原型はほぼ出来上がって、臨時閣議にてその最終草案要綱が了承されるに至りますが、そこにおいては、約3ヶ月をかけて作成された日本政府側の「憲法改正要綱」、いわゆる松本案の趣旨は投影されず、2月上旬に僅か一週間で作成

されたGHQサイドの草案がほぼ踏襲されるに至りました。

なぜに、松本案は却下されたのか。そしてまた、何故にわかに、戦争放棄を誓う条項を盛ったGHQ草案が急遽提示され、これが採択されるに至ったのか。

先に見た通り、マ元帥は昭和天皇との9月27日の会見以来、その時に受けた感激によって大変な天皇親派になってしまうのであって、「我神をみたり」とまで昭和天皇を表現したマ元帥が、以後において天皇のご意向を最大限に尊重しようという意思で動かれたことは、想像に難くないのであります。

西村見暁師が指摘された、昭和天皇戦争放棄御発想の根拠を、簡潔にまとめるなら以下のようになります。

### 昭和天皇戦争放棄御発想の根拠《その1》西村見暁師の指摘

←――1　「堪え難きを堪え、忍び難きを忍び、もって万世のために太平を開かんと欲す」という終戦の御聖断の政策的内容として記された、昭和21年元旦の勅書の「徹頭徹尾文明を平和に求むるの決意かたく」とは、即ちこの武装放棄＝憲法9条の決意であった。

2

幣原首相は天皇の密使として、この決意を具体的な形で、同年1月24日、マッカーサー元帥に伝達した。この時の二人の会見は、新日本建設の路線を定めるうえで劇的な相乗効果をもたらし、これが基《もと》となって後の〝マッカーサー三原則（※註）〟が策定されるに至った。

3

前年の9月27日、天皇が一命を捨て切られ、戦争の全責任を背負われ、マ元帥の前に出向かれた時以来、マ元帥は心底より天皇を敬愛し、それゆえに当然のこととして、この天皇の崇高なる憲法意志〝武装放棄〟を、自分が何としても実現して差し上げたいとの考えに傾いた。また同時にそれは、戦後の天皇制を存続するに当たり、反対国が少なくない中で国際的に説得性のある効果的施策でもあった。

4

前年の10月25日に発足した松本国務相を長とする「憲法問題調査委員会」が進めていた憲法草案は、明治憲法の枠組みを出るものではなく、GHQの容認し得るところとはならないのが明白となったため、2月3日、マ元帥は〝マッカーサー三原則〟に基づいた憲法草案を至急作成するようGHQ民政局に極秘指令を通達した。

5
2月13日、GHQ本部で憲法問題について初の日米トップ会談がもたれたが、日本政府側の松本案は却下され、日本側代表が全く予期していなかったGHQによる憲法草案が突然提示・強制され、政府代表者達は狼狽、特に松本はこれに猛反対する。

↓

6
2月22日、やむなくGHQ草案の趣旨に沿った日本案を作成することに衆議一致。政府関係者の消沈にもかかわらず、幣原が報告のため参内《さんだい》すると、天皇は欣然《きんぜん》とこれに賛意を表明され、GHQ草案の受諾が決定された。

↓

結論
ここに世界史上その例を見ない、否《いな》、誰一人として考えも及ばなかった『武装完全放棄』を宣言した憲法9条が誕生したのである。

※註　マッカーサー三原則（マッカーサー・ノートの三原則）
①天皇は国家の元首の地位にある。皇位の継承は世襲である。天皇の義務および権能は憲法に基づき行使され、憲法の定めるところにより、人民の基本的意思に対し責任を負う。
②国家の主権的権利としての戦争を廃棄する。日本は、紛争解決のための手段として

の戦争、および自己の安全を保持するための手段としてのそれも放棄する。日本はその防衛と保護を、今や世界を動かしつつある崇高な理想に委ねる。いかなる日本陸海空軍も決して許されないし、いかなる交戦者の権利も日本軍には決して与えられない。

③日本の封建制度は廃止される。皇族を除き華族の権利は、現在生存する者一代以上におよばない。

さて、さらに調査を進めるなら、新たに目に入ってくるのは、昭和天皇がその大御心を表された次のような資料群です。

**昭和天皇戦争放棄御発想の根拠《その2》昭和天皇の御製《ぎょせい》・御言葉**

「世の中も　かくあらまほし　おだやかに　朝日にほへる　おほうみのはら」（大正11）

「ふる雪に　心きよめて　安らけき　世をこそいのれ　神のひろまえ」（昭和6）

「天地《あめつち》の　神にぞいのる　朝なぎの　海のごとくに　波たたぬ世を」（昭和8）

「静かなる　神のみそのの　朝ぼらけ　世のありさまも　かかれとぞおもふ」（昭和13）
「西ひがし　むつみかはして　栄ゆかむ　世をこそいのれ　としのはじめに」（昭和15）
「爆撃に　たふれゆく民の　上を思ひ　いくさ止めけり　身は如何ならむとも」（昭和20）
「身は如何に　なるともいくさ　とどめけり　ただたふれゆく　民をおもひて」（昭和20）
「国がらを　ただ守らんと　いばら道　進みゆくとも　いくさ止めけり」（昭和20）
「外国《とつくに》と　離れ小島に　のこる民の　うへやすかれと　ただ祈るなり」（昭和20）
「わざわひを　忘れてわれを　出むかふる　民の心を　嬉しとぞ思ふ」（昭和21）
「嬉しくも　国のおきての　定まりて　明けゆく空の　ごとくもあるかな」（昭和22）
「わが庭の　宮居に祭る　神々に　世の平らぎを　祈る朝々」（昭和50）
「この（食料と住居）問題が満足に解決されたならば、日本が世界全般の平和に寄与するに必要な諸改革の仕事を開始することは比較的容易となることであろう。やがて日本は、教養と文化を高め、平和な貢献によって国際社会に正当な地歩を再び占めることを希望する」（昭和20）

「戦争放棄の大理想を掲げた新憲法に日本はどこまでも忠実でありましょう」（昭和21）

「本日、日本国憲法を公布せしめた。……日本国民は、みずから進んで戦争を放棄し、全世界に正義と秩序とを基調とする永遠の平和が実現することを念願し、……朕は、国民と共に全力をあげ、相携《たずさ》え、この憲法を正しく運用し、節度と責任とを重んじ、自由と平和とを愛する文化国家を建設するよう努めたいと思ふ」（昭和21）

「ここに、わが国が独立国として再び国際社会に加わるを得たことは、まことに喜ばしく……さきに万世のために、太平を開かんと決意し、四国共同宣言を受諾して以来、年をけみすること七歳……特にこの際、既往の推移を深く省み、相共に戒慎《かいしん》し、過ちを再びせざることを堅く心に銘すべきであると信じます。……」（昭和27）

「若い頃、ヨーロッパを見て回り、戦争はいけないと考えていた。やむを得ず開戦となったが、平和についてはいつも開戦のときから考え、戦争をいつやめるか、その時期はいつも考えていた」（昭和44）

「世界平和はいつも望んでいる。その実現方法について、いうことは不可能だが、世界の国民が平和になることを望んでいる」（昭和44）

「私が深く悲しみとする、あの不幸な戦争……」（昭和50）

「いつも国民の幸福と、世界の平和を祈ってまいりました」（昭和51）

最初に紹介した五つの御製は、他国の立場を思いやるなど考えも及ばず、全ての国が自国の利益のために狂奔《きょうほん》していた時代、いわゆる軍国主義の最盛期に歌われたものです。そうした時代において、これほど一途に人類の平和を願われる絶対的な慈愛に満ちた御製が詠まれたことには、多くの人が驚嘆を禁じ得ないのでないでしょうか。

続く四つの御製は、終戦当時の陛下のお心が切々と歌われたもので、最後の「外国《とつくに》……」の御製は当時の新聞でも発表された経緯がありましたが、残る三首は、戦後もしばらく国民には公表されることもなく、昭和43年に刊行された木下道雄元侍従次長の「宮中見聞録」などで世に知られるようになりました。木下元侍従が秘められていたこれらの御製を公表されたのは、重大な決意あってのことと思われます。それは、時代の推移とともに忘れ去られゆく終戦時の陛下のお心もちを世に伝えんがためだったものと解され、同見聞録ではこの四つの御製が掲げられた後に次のような感想が記されていました。

「鳥に譬《たと》えては甚《はなは》だ恐縮であるが、猛鳥の襲撃に対し雛《ひな》を守る親鳥の決死の姿を、涙して想うだけである」

「わざわひを……」の御製は、昭和21年2月19日に神奈川を最初として始まった一連の御行幸《ごぎょうこう》について歌われたものです。戦禍を受けた民を天皇は見舞われる訳ですが、民を思われる天皇と、天皇を思う民との心の通い合いが窺《うかが》われます。

「嬉しくも……」の御製は、新憲法が公布された直後のものと考えられますが、この御製からは、如何に陛下が明るい戦後の新日本の建設を願われたか、充分過ぎるほど察せられます。愛国心のゆえに、日本国憲法の無効を訴えるような人々は、この御製の意味を考え直してみる必要があるでしょう。

さて、ここに記した御製や御言葉の数々を改めて顧みるに、如何に昭和天皇が戦争を望まれず、人類の平和を請い願っておられたかが証明されて余りあるものと考えられます。このように過去の資料を紐解くなら、天皇陛下の大命は厳然として既に降下されているということが実に歴然としているのです。「天皇の大御心」、それは〝戦争を放棄して万世に太平を開く〟ことであるということが実に歴然としているのです。

しかしながら、西村氏や河内氏が示されるように、〝戦争放棄〟を謳う憲法9条の第一番の原点に、実際に昭和天皇がおいであそばされたという根拠が裏付けられるには、更なる事実関係の確認が必要でしょう。そのため次に、新憲法制定まで至る際の舞台裏における日米の攻防の経緯について、時系列に沿った客観的な確認をしてみます。

## 昭和天皇戦争放棄御発想の根拠《その3》新憲法制定舞台裏における日米の攻防

1　昭和20年11月、GHQの一部門、CIE――民間情報教育局の教育・宗教課長ハロルド・ヘンダーソンは、戦後政策において、「教育勅語」のそれ自体に悪いところは認めないものの、軍国覇権主義に〝勅語奉読の儀式〟が利用された悪影響を除去する目的で、日本に民主的かつ平和的思想を育てるため、最終的な解決策として、それまでの優越思想に傾きがちだった危険性を伴うことのない新しい詔書《ちょくしょ》の発布を推進する構想を固める。

2　学習院の英語教師で文学者のレジナルド・ブライスを通じて、日本側の了承を得たという報告を聞き、ヘンダーソンが最初の草案を起草。ブライスはこれを学習院院長の山梨勝之進《かつのしん》および浅野事務官と相談したうえで修正を加え、再びヘンダーソンのもとへ持参、ヘンダーソンは草案についてCIE局長のカーミット・ダイクを通してマッカーサーの承認を得、それが山梨勝之進および吉田外相を通して幣原首相へ渡る。

3

昭和20年12月15日、GHQ—CIEより政府に対し、覚書『国家神道、神社神道に対する政府の保証、支援、保全、監督、並びに弘布の廃止に関する件』（SCAPIN—448）、いわゆる〝神道指令〟が下され、軍国主義の排除、および〝政教分離〟が命ぜられ、国家がこれまでのように神道を支援・普及することが禁止される。

4

昭和20年12月23日、幣原首相は前田多門《たもん》文相を官邸に呼び、先の〝新しい勅書〟の英文草案の趣旨に基いた詔書案を起草するが、出来具合が芳しくなかったため、12月25日、幣原首相自身が官邸で前田案を参考にしながら英文で詔書案を原稿執筆している時、冷たい風に当たって風邪を引き、こじらせて肺炎にかかる。幣原は、当時の日本ではまだ貴重だったペニシリンをマッカーサー元帥から贈られ、それによって肺炎を短期間に回復する。

5

昭和20年12月26日、幣原の書いた詔書案は福島書記官によって翻訳される。さらにこの和訳文完成には藤田尚徳《ひさのり》侍従長が関わり28日に完了する。翌29日、急病の幣原に代わって前田文相が参内し、草案を天皇に奉呈、天皇はこの内容に賛意を示されたが、更に〝五箇条の御誓文《ごせいもん》〟を追加記載するように御指示。前田文相はその部分を起草し、さらに30日、木下道雄侍従次長が石渡《いしわた》荘《そう》太郎《たろう》宮内相と案文作成した木下案が提示され、閣議で検討、修正された後、同日の夕方5時30分に前田文相が天皇に会い文案の許可を得る。午後9時、正式書類として完成、翌31日、報道機関に公表される。

6

12月27日、モスクワで開催された米・英・ソ外相会議で日本管理のための政策決定機関として『極東委員会』（13ヵ国の連合国で構成）をワシントンに設置することが決議され、米・英・ソ・中の四カ国には拒否権が認められることになる。マ元帥はこれに激怒する。

7

昭和21年1月1日、ヘンダーソン、ブライス、山梨、幣原、前田、藤田、木下、石渡らが原稿執筆に関わり、最終的に天皇の御裁可を得た『年頭、国運振興の詔書』、いわゆる元旦の詔書が発布され、新日本建設の勅旨が定められる。後に天皇陛下の〝人間宣言〟として知られるようになるこの勅書の中に〝徹頭徹尾文明を平和に求むるの決意固く〟の文言あり。

8

1月12日、ワシントンからGHQ本部のマ元帥に、日本の占領政策基本案としてまとめられた文書『SWNCC—288号指令』が届く。が、この中においても、〝戦争放棄〟という条項は含まれていない（SWNCC—スウィンクは、State-War-Navy Coordinating Committee　国務・陸軍・海軍調整委員会の略）。

9

1月19日、ポツダム宣言を受けて『極東国際軍事裁判所憲章』が定められる。この4日後には『極東国際軍事裁判所』が開設される。日本の戦争犯罪人を裁くことが主眼とされ、〝天皇の戦争責任〟がどう問われるかに注目が集まる。

10

1月21日、病気回復した幣原が皇居を参内、昭和天皇に謁見する。

11

1月24日、幣原がペニシリンのお礼を兼ねてマ元帥を訪問、幣原は天皇の戦争責任問題、戦犯追及を避けることに留意し、マ元帥と連合国の意向を探る真意があったが、マ元帥も天皇制擁護の立場であることを確認。そのうえで、〝戦争放棄〟の平和憲法を策定する考えを述べ意気投合。この会見がきっかけとなって新憲法の骨子ともなる〝マッカーサー三原則〟が固まる。

12

2月1日、毎日新聞がスクープ記事として、日本政府の「憲法問題調査委員会」がまとめていた『憲法改正試案』をスッパ抜く。その内容は明治期の「大日本帝国憲法」に大差のない保守的なもので、一週間前の幣原発言との乖離《かいり》に驚いて激怒したマ元帥は、自ら『マッカーサー三原則』を明文化、ＧＨＱの占領政策の中心を担うＧＳ（民政局）の長ホイットニー准将に手渡すと、早急にそれに基づいた草案を作成するよう命ずる。

13

2月3日、ホイットニー准将が、法律を専門とするケーディス大佐、ハッセー中佐、ラウエル中佐を呼び出し、実行部隊として極秘に憲法草案を作成するよう命ずる。条件は、「マッカーサー三原則と〝ＳＷＮＣＣ—288号指令〟に基づいて作成を進め、一週間以内に提出せよ」というものだった。

14

2月8日、日本政府の憲法問題調査委員会が約三ヶ月かけて作成した『憲法改正要綱（松本案）』がＧＨＱ本部に提出される。

15

2月10日、『ＧＨＱ憲法草案』が出来上がる。ＧＳ—民政局の次長だったケーディス大佐を初めとする民政局小委員会のメンバー25人が、一週間前から連日2〜3時間の仮眠でほぼ不眠不休で憲法案文作成に取り組んだ結果、成し遂げられ、12日には印刷される。

16

2月13日、外相官邸にて、新憲法制定の問題について日米代表によるトップ会談が開催される。参加者は、GHQ側はホイットニー准将、ケーディス大佐、ハッセー中佐、ラウエル中佐、日本側は吉田茂外相、松本烝治国務相、終戦連絡事務局次長の白洲《しらす》次郎、外務省通訳官の長谷川元吉。この会談でホイットニーは、日本側の草案である『憲法改正要綱（松本案）』を棄却する旨を告げ、自分たちが用意した『GHQ憲法草案』を前触れなしで手渡す。日本側代表らは茫然自失状態となり、松本国務相はこれに激昂、激しく反発する。

17

2月15日、白洲次郎がGHQ側に、新憲法に関する日本側の考えについて釈明し、GHQ側の再考を求める手紙、『ジープ・ウェイ・レター』を出す。が、翌日、ホイットニー准将から拒否の答えが返る。この手紙の内容は、「新憲法で目指す目標は日本側もGHQと同じであるが、やり方に違いがある。GHQ側の道はまっすぐ直線の航空路だが、日本側は曲がりくねったジープの道で、憲法問題はゆっくり注意深く取り上げられねばならない」という趣旨だった。

18

2月18日、松本国務相がGHQ本部に『憲法改正についての補充説明書』を提出し「一国の法制度はそう変えるべきものでない」と訴えるが、ホイットニー准将の回答は「再考の余地は全くない、48時間以内に回答がなければGHQ案をそのまま発表する」であった。

19

2月19日、日本政府は新憲法制定において『GHQ憲法草案』の採択が要請された旨を初めて公表し、正式に閣議で取り扱うが、見解は、GHQ案でやむなしの幣原、芦

松本烝治

ホイットニー

ケーディス

田と、あくまでGHQ案拒否の松本、吉田で真っ二つに割れる。日本政府は回答期限を22日まで延長することをGHQに要請する。

20 ←

2月21日、幣原、再びマ元帥と会見。マ元帥は、「天皇を戦犯に」という声のある極東委員会の動向を伝え、「自分自身は天皇制を維持したいので、早くGHQ草案の基本原則を受けるように」と述べる。幣原がGHQ案の基本原則とは何かを尋ねると、マ元帥の答えは、「天皇を象徴にすることと〝戦争放棄〟である」との答えだった。

21 ←

2月22日、閣議にて、幣原が前日のマ元帥との会見内容を発表。結果的に、新憲法の草案を『GHQ憲法草案』に沿った形で作成することに衆議一致、幣原が天皇に閣議内容報告のため参内すると、天皇より「やむを得ない、天皇大権は顧慮せずともよい」との回答を受ける。

22 ←

2月26日、GHQ案に基づいて新憲法の日本案を起草することを閣議決定する。案文は松本国務相、佐藤達夫法制局部長らが担当することに決まる。同日、ワシントンにて『極東委員会第一回会議』が開催され、ソ連、英国、オーストラリアは、日本の天皇制廃止を論じ、共和国としての新憲法を制定する可能性について議論が交わされる。

23 3月2日、『GHQ憲法草案』に沿った新憲法の日本案文を脱稿、『3月2日案』である。

24 3月4日、『3月2日案』を日本語のままGHQ民政局に提出。午前10時よりGHQ本部にて案文を翻訳しながら日米検討会議が開催される。参加者は、GHQ側はホイットニー准将、ケーディス大佐、ハッセー中佐、ラウエル中佐、通訳としてベアテ・シロタ嬢、日本側は松本烝治国務相、佐藤達夫法制局部長、白洲次郎、長谷川元吉。この会議は最初から両者の対立が先鋭化、GHQ側は、〝国民主権〟がなぜカットされたか、などを問うて議論はエスカレート、テーブルをたたきあう大激論となり、血圧の上がった松本国務相は午後三時退席のやむなきに至り、佐藤に後事が託される。午後6時、『3月2日案』の英訳作業が終わり、ケーディス大佐から、一晩内に日本憲法の確定案を作ることが提案され、徹夜での作業に入る。

25 3月5日、午後5時半、新憲法の案文作成の全作業が完了し、マッカーサー元帥も承認する。30時間にわたる憲法案翻訳戦争であった。幣原、報告のため参内する。

26 ← 27 ← 28

26

3月6日、臨時閣議にて最終的な『憲法改正草案要綱』、全文11章95条（現行憲法は更なる追加があり11章１０３条）が了承される。『3月6日案』であり、閣僚の署名入りの英文の公式文案がＧＨＱ側に渡される。ハッセー中佐はこれを持って直ぐに特別仕立ての軍用機でワシントンへ飛び立つ。

27

3月7日、ワシントンにて『極東委員会第二回会議』が開催される。日本国の最終的な『憲法改正草案要綱』決定の知らせに極東委員会は怒りを爆発させ、「日本の憲法改正の第一次審査権は自分達にある、その後の改正協議に参加させよ」と主張するが、マ元帥は、「極東委員会は日本管理については何ら権限はなく、全ての権限は独占的にＧＨＱに保留されている」と反駁、米政府を挟んで、両者の間に激しい応酬が続く。この背景には、終戦後、それまで連合国の同士として共に戦った英米とソ連の対立が決定的となりつつある事情があった。去る4日にはチャーチル英首相が「鉄のカーテン」演説を行い、反ソ連同盟を呼びかけており、日本の憲法改正に関する議論はその代理戦争の様相を帯びていた。

28

4月10日、日本で戦後初の総選挙が行われ、新憲法によって世論の信任を取り付け、日本の旧軍国体制の保守勢力が一掃される路線が策定され、民主的に「日本国民の自由意思によって」新憲法が受け入れられたことが証されることで、新憲法に関する極東委員会の横槍や米国内の反対論は牽制されるに至った。　以上

（以上の経緯は101頁の図4にチャート化）

また、マッカーサー元帥は、新憲法の『最終草案要綱』については、無条件で承認するという、次のような声明を発表しました。

「天皇、政府によって作られた新しく開明的な憲法が、日本国民に予の全面的承認の下に提示されたことに深く満足する。この原案は、五ヵ月前、予より内閣に対する最初の指示があって以来、日本政府と司令部の関係当局の忍苦に満ちた調査と、数回にわたる会合の後に生まれた」

以上に見たように、新憲法誕生に至るまでの日米間の攻防戦は、まさに熾烈を極める真剣勝負だったといえます。結局それは、民主主義を根付かせようとするGHQ側と、天皇制を死守しようとする日本側の、両者の合議折衷のうえに成立したものだともいえ、終戦後の国

際情勢が天皇制解体に勢いづいて風雲急を告げるなか、神計り的なタイミングで成就したものだったことが分かります。

終戦連絡事務局次長として活躍した白洲次郎が、新憲法草案に関してＧＨＱ側の再考を求める手紙、『ジープ・ウェイ・レター』を出したものの、ホイットニー准将から「再考の余地なし」と拒否の答えが返ってきたのも、そのような国際情勢が背景にあったことを考える必要があるでしょう。そして、出来上がった新憲法に関するマッカーサー元帥の声明は「天皇、政府によって作られた新しく開明的な憲法」とされており、〝天皇〟の一語が入っていることにも留意する必要がありましょう。

ところで、日本国憲法が公布された年でもある昭和21年の元旦早々に、「年頭、国運振興の詔書《しょうしょ》」として発布された詔《みことのり》を見ると、やはり戦争放棄の勅旨《ちょくし》を読み取ることができます。

この詔書案の発端は、先に見た通り、ＧＨＱの民間情報教育局長Ｈ・ヘンダーソンの構想にあったとはいえ、その原稿作成には当時の首相、文相、宮内相、侍従長、侍従次長、学習院長らが関わり、練り上げられたうえ、最終的に天皇の御裁可を得るというプロセスを踏襲しました。一考すれば、これは、当時の日米代表の公論に決したうえ、下された詔書であったことを窺い知ることができます。この詔書は、後にはいわゆる天皇陛下の〝人間宣言〟としても知られるようになるものです。次にその詳細を見てみましょう。

**昭和天皇戦争放棄御発想の根拠《その4》「年頭、国運振興の詔書《しょうしょ》」**

『ここに新年を迎う。顧みれば明治天皇、明治の初め国是として五箇条の御誓文《ごせいもん》を下し給えり。曰く、

一、広く会議を興《おこ》し、万機《ばんき》公論に決すべし。
一、上下《しょうか》心を一《いつ》にして盛んに経綸《けいりん》を行うべし。
一、官武《かんぶ》一途《いっと》庶民に至るまで 各《おのおの》 その 志《こころざし》 を遂げ、人心をして倦《う》まざらしめんことを要す。
一、旧来の陋習《ろうしゅう》を破り天地《てんち》の公道に基くべし。
一、智識を世界に求め大いに皇基《こうき》を振起《しんき》すべし。
叡旨《えいし》公明正大、また何をか加えん。
朕はここに誓いを新たにして国運を開かんと欲す。すべからく、このご趣旨に則り、

旧来の陋習を去り、民意を暢達《ちょうたつ》し、官民挙げて平和主義に徹し、教養豊かに文化を築き、もって民生の向上を図り、新日本を建設すべし。

大小都市の蒙りたる戦禍、罹災《りさい》者の艱苦《かんく》、産業の停頓《ていとん》、食糧の不足、失業者増加の趨勢等は真《まこと》に心を痛ましむるものあり。然りといえども、我が国民が現在の試練に直面し、かつ徹頭徹尾文明を平和に求むるの決意固く、よくその結束を全うせば、ひとり我が国のみならず全人類のために、輝かしき前途の展開せらるることを疑わず。

それ家を愛する心と国を愛する心とは、我が国において特に熱烈なるを見る、今や実にこの心を拡充し、人類愛の完成に向かい、献身的努力を致すべきの秋《とき》なり。

思うに、長きにわたれる戦争の敗北に終りたる結果、我が国民は、ややもすれば焦燥に流れ、失意の淵に沈倫せんとするの傾きあり。詭激《きげき》の風ようやく長じて、道義の念すこぶる衰え、ために思想混乱の兆しあるはまことに深憂《しんゆう》に堪えず。

然れども、朕は汝等国民とともにあり、常に利害を同じうし休戚《きゆうせき》を分かたんと欲す。朕と汝等国民との紐帯《ちゆうたい》は、終始相互の信頼と敬愛とによりて結ばれ、単なる神話と伝説とによりて生ぜるものにあらず。天皇をもって現御神《あきつみかみ》とし、かつ日本国民をもって他の民族に優越せる民族にして、ひいて世界を支配すべき運命を有すとの架空なる観念に基くものにあらず。

朕の政府は、国民の試練と苦難とを緩和せんがため、あらゆる施策と経営とに万全の方途を講ずべし。同時に朕は我が国民が時艱《じかん》に決起し、当面の困苦克服のために、また産業および文運振興のために勇往《ゆうおう》せんことを希念す。我が国民がその公民生活において団結し、相寄り、相たすけ、寛容相ゆるす気風を作興《さこう》するにおいては、よく我が至高の伝統に恥じざる真価を発揮するに至らん。かくの如きは、実に我が国民が人類の福祉と向上とのため、絶大なる貢献をなす所以なるを疑わざるなり。

一年の計は年頭にあり、倫《もとむ》は朕の信頼する国民が朕とその心を一にして、自ら奮い、自ら励まし、もってこの大業を成就せんことを庶幾《こいねが》う。

御名　御璽

昭和21年1月1日　各大臣副署』

文中の「旧来の陋習を去り、民意を暢達し、官民挙げて平和主義に徹し、教養豊かに文化を築き、もって民生の向上を図り、新日本を建設すべし」というのは、まさに〝過去の軍国体制を撤去し、民主的国家となり、平和を護持する文化国家の新日本を建設するように〟という意味合いに置き換えられますし、「徹頭徹尾文明を平和に求むるの決意固く、よくその結束を全うせば、ひとり我が国のみならず全人類のために、輝かしき前途の展開せらるることを疑わず。……今や……、人類愛の完成に向かい、献身的努力を致すべきの秋なり」というのは、〝国民が一致団結して徹底した平和主義を護持するなら世界平和の成就も疑いなく、そのような努力を傾注する時にきている〟という意味に解釈されます。

この詔書における天皇の神格否定については、戦前より天皇は「現人神《あらひとがみ》の問題であるが、・・・は私を神だと云うから、私は普通の人間と人体の構造が同じだから神ではない。そういふ事を云はれては迷惑だ、と云った事がある。（昭和天皇独白録）」と述べられたこともありました。生物学者としての眼力をお持ちで、合理的精神の持ち主であられた昭和天皇は、戦前の軍産体制によって祭り上げられた自らの神格を否定する詔《みことのり》を出すこと自体には、何の違和感も持ってはおられませんでした。

同年の12月、天皇は側近の御用係、寺崎英成《ひでなり》に「日本にとり敗北は悲しい事なれども軍閥のなくなった事は不幸中の幸いとして喜ぶ（昭和天皇独白録）」とも語られており、軍部の暴走が日本の失敗の原因であったという認識をお持ちでした。従って、陛下の〝人間宣言〟は、終戦までの軍産体制の基盤にあったところの〝現御神信仰《あきつかみ》〟を一旦撤回する趣旨があっての御裁可だったものと考えられます。

天皇を〝現御神〟と仰ぐ国体明徴運動が激化した昭和10年の「天皇機関説」問題においても、昭和天皇は、天皇が国の最高機関であるという論理を、人体に譬え、その脳髄という器、官と考えるならそれがどうして違っているのか、と皇国史観の理論家や軍人達が「天皇機関説」を槍玉に挙げていたのに対し、むしろそれに賛意を示す発言をされていました。

この頃から一層高まる軍靴の音のなか、大日本帝国の軍人達は、当節の軍産体制の下、古事記・日本書紀という神話に基づいて、天皇を天照大神の直系の血を引く〝現御神〟として崇めるよう、統制的で厳しい教育を徹底して施されることになります。戦死していった数百万もの軍人達は、その神一柱のため自らの命を捧げることを潔《いさぎよ》しとし、現実問題としてそうせざるを得なかった時代背景だったこともあり、あまたの人々が躊躇せず戦《いくさ》に身を投じていったのでありました。

「朕と汝等国民との紐帯《ちゆうたい》は、終始相互の信頼と敬愛とによりて結ばれ、単なる神話と伝説とによりて生ぜるものにあらず。天皇をもって現御神とし、かつ日本国民をもって他の民族に優越せる民族にして、ひいて世界を支配すべき運命を有すとの架空なる観念に基くものにあらず」

〝人間宣言〟とも称されるこの詔は、そうした戦前戦中までの時代常識を覆《くつがえ》した原点になったともいえ、それによってまた、戦後の国民一般の自由の風潮は産み出されたのだともいえます。同時にまた、この詔からは、天皇御自身の神格否定とともに終戦時までの軍国体制が為した他国への侵攻とそれに伴って諸々の犠牲を産んでしまった史実を、深く日本国民自身に反省させる趣意をも読み取ることができましょう。

そして、戦争というものに関わる深い反省と悔恨の思いに導かれて、〝徹頭徹尾文明を平和に求むるの決意固く〟という文言は生み出され、それが具体的な政策レベルにおいては、「憲法9条」という条文の形になって顕現したものと理解されるのです。

戦後の新日本建設の原点に、この天皇陛下御自らの〝人間宣言〟が存在した訳ですが、それにはGHQの戦後政策が反映されていたには違いないものの、天皇と国民の絆《きずな》は決して裁断されることなく、戦後の民主体制は再構築されていくことになるのです。

さらに、この年頭の詔書は〝人間宣言〟の部分のみ云々される事が多いなかにも、その巻頭には昭和天皇の御指示によって〝五箇条の御誓文〟が明記されているのであり、そこには明治より一貫して変わらぬ皇道の精神が端的に謳われています。そこに実は、戦後の新たなる民主主義体制というも、平和を求める決意というも、全ては天地の公道に基づいた皇道精神の中に包含されうることが明瞭に示唆されているのであります。

さて、この調査が進められる過程において、西暦2000年には、新たな決定打ともいえ

# 官報

號外

昭和二十一年三月六日

◉昨五日内閣總理大臣ヲ宮中ニ召サレ左ノ勅語ヲ下賜セラレタリ

朕曩ニポツダム宣言ヲ受諾セルニ伴ヒ日本國政治ノ最終ノ形態ハ日本國民ノ自由ニ表明シタル意思ニ依リ決定セラルベキモノナルニ顧ミ日本國民ガ正義ノ自覺ニ依リテ平和ノ生活ヲ享有シ文化ノ向上ヲ希求シ進ンデ戰爭ヲ抛棄シテ誼ヲ萬邦ニ修ムルノ決意ナルヲ念ヒ乃チ國民ノ總意ヲ基調トシ人格ノ基本的權利ヲ尊重スルノ主義ニ則リ憲法ニ根本的ノ改正ヲ加ヘ以テ國家再建ノ礎ヲ定メムコトヲ庶幾フ政府當局其レ克ク朕ノ意ヲ體シ必ズ此ノ目的ヲ達成セムコトヲ期セヨ





図３　〝戦争放棄〟の勅語を知らせる「官報号外」

る証拠資料が河内氏らの研究グループによって発見されています。それは、幣原平和財団がまとめた同首相の一代記である『幣原喜重郎』の657頁に記される勅語で、昭和21年3月6日付けの官報号外に掲載されたものです。以下に抜粋します。

「昨5日、内閣総理大臣を宮中に召され左の勅語を下賜せられたり。
『朕、さきにポツダム宣言を受諾せるに伴い、日本国政治の最終の形態は、日本国民の自由に表明したる意思により、決定せらるべきものなるに顧《かえり》み、日本国民が正義の自覚によりて、平和の生活を享有し、文化の向上を希求し、進んで戦争を放棄して、これを万邦に修むるの決意なるを思い、すなわち国民の総意を基調とし、人格の基本的権利を尊重するの主義に則り、憲法に根本的の改正を加へ、もって国家再建の礎を定めむことを庶幾《こいねが》う。政府当局、それよく朕の意を体し、必ずこの目的を達成せむことを期せよ』」

この官報が発表された3月6日は、最終的な『憲法改正草案要綱』が閣議で承認を受けて公表された日と重なります。この勅語は、前日の5日、幣原が松本国務相を帯同して参内し、天皇への拝謁を許され、諸般の事情を内奏した際に賜ったものでした。また、政府はこの時、この勅語とともに、幣原首相の次のような談話も併せて発表しました。

「かしこくも天皇陛下におかせられましては、昨日内閣に対し勅語を賜りました。わが国民をして世界人類の理想に向かい、同一歩調に進ましむるため、非常なるご決断をもって現行憲法に根本的改正を加え、もって民主的平和国家建設の基礎を定めんと昭示《しょうじ》せられたのであります。思うに、世界史の動向は、実に永年にわたって人類を苦しめたる動乱より平和へ、残虐より慈悲へ、奴隷より自由へ、横暴より秩序へと、徐々にではありますが、しかし逞《たくま》しき巨歩を進めつつあるのであります。わが日本国民が、人類社会の間に名誉の地位を占むるがためには、新たに制定せらるべき憲法において、内は根本的民主政治の基礎を確立し、外は全世界に率先して戦争の絶滅を期すべきであります。すなわち国家主権の発動としての戦争は永久にこれを放棄し、他国との紛争は全て平和的に処理するの決意を中外に宣言すべきであると信じます。私は全国民諸君が、至仁至《しじんし》慈《じ》なる聖旨と国家社会の康寧《こうねい》とに応え、この大典の制定に万全を尽されんことを冀《こいねが》うものであります。ここに政府は、連合国総司令部との緊密なる連絡の下に、憲法改正草案の要綱を発表する次第であります」

## 8　マッカーサーか幣原か──天皇を頂点とした三角形

日本において一般に〝平和憲法〟とも呼ばれる憲法9条の誕生に関して、ここまでに見てきた事実は歴然としており至極明快であります。それにもかかわらず、戦後の長い期間にわたり、憲法9条は、マッカーサー元帥ないしGHQの発案で、その強制なるものと多くの人々は考えてきました。

確かに、占領政策の至上命題のひとつは日本の戦争能力の滅却にありましたし、〝戦争放棄〟を誓う憲法9条は、最もその要求に適《かな》った究極の条文だともいえます。そして、それを生み出した占領体制の最高権限をもっていたのがマッカーサー元帥であったことも間違いありません。昭和25年6月25日に朝鮮戦争が勃発するまでは、マ元帥自身「もし、私の銅像が立つことがあるなら、それは、太平洋戦争の勝利のためではなく、憲法9条を制定させた功績によってであろう」と言明していたのも事実です。

しかし、マ元帥は朝鮮戦争勃発の2週間後に、吉田茂首相に〝警察予備隊〟すなわち今日の自衛隊の創設を命じ、自画自賛していた9条の理念を自ら崩してしまいます。ソ連共産陣営に対する極東の防波堤の責務を担わされることになったマ元帥にとって、この時、逆に憲法9条が思わぬ足枷《あしかせ》となってきたのです。ちなみに、この朝鮮戦争は昭和28年7月まで続き、結局、北緯38度線を境にイデオロギー的に南北に分断されて今日に至っているのは周知の事実です。マ元帥は、この朝鮮問題を処理する過程でトルーマン大統領との確執が表面化し、昭和26年4月、一切の軍務から解職されますが、その直後の5月5日に至って、同元帥は米上院の公聴会で、「憲法9条の発案者は幣原首相であった」と公式発表するに至ります。

マ元帥は、自身の回想録の中でこの問題について次のように記しているのです。

幣原喜重郎

マッカーサー

「昭和21年1月24日正午、幣原喜重郎首相はマッカーサーの事務所を訪れて会談した。幣原は『新しい憲法にはいわゆる非戦条項を含めることを提案したく、日本に如何なる軍事機構をも禁ずるようなものにしたい』と語り始めた。『そうすれば、旧軍部は再び権力を握る手段を奪われ、世界は日本が再び戦争を行う意思を決して持たないことを知る。日本は貧乏な国で軍備に金を注ぎ込む余裕はない。残されている資源はすべて、経済を活性化させるのに使うべきだと思う』と述べた。マ元帥は息も止まるほど驚いた。長年『戦争は諸国間の紛争を解決する手段として時代遅れである』とマ元帥自身感じていた。六つの戦争に参加し、何百という戦場で戦ってきた元帥は『私の戦争への嫌悪感は、原子爆弾の完成で最高潮に達していた』と語ると、今度は幣原が驚く番だった。彼は涙を流しながら、『世界は私達を、非現実的な夢想家として、あざけり笑うでしょうが、百年後には預言者と呼ばれることでしょう』と語った」（『マッカーサー回想記』朝日新聞社、1964年）

この経緯は、幣原自身も自伝『外交五十年』（読売新聞社、1951年）で次のように認めています。

「あの憲法の中に、未来永劫、戦争をしないように、政治のやり方を変えた。戦争を放棄し、軍備を全廃して、どこまでも民主主義に徹する、見えざる力が私の頭を支配した。よくアメリカ人が日本へやってきて、新憲法は、日本人の意思に反して、総司令部から迫られたのではないかと聞かれるが、私の関する限りそうではない、誰からも強いられたものではない」

また、ＧＨＱの民政局長としてマ元帥の右腕として活動したホイットニー准将は、1月24日の二人の会談には同席していませんでしたが、自らの著書『マッカーサー』においてこれらの話を支持する以下のような文章を記しています。

「幣原が辞した後、すぐ私は部屋に入った。マッカーサーの表情によって、何か重大なことが起きたことがすぐ分かった。元帥の説明では、幣原は憲法起草では、戦争と軍備を永久に放棄する条項を加えるのを提案した。元帥はこれに賛意を表さないではいられなかった。戦争は時代遅れで、廃止すべきだというのが、彼の燃えるような信念であった。幣原首相の考えが、彼をひどく喜ばせた。そこで、憲法草案の準備を進めるよう私に指令を下した時、彼は『この原則を加えなければならぬ』と私に頼んだ。マッカーサーノートの第三原則はマ元帥が幣原との会談後に書き留めた大雑把な概要であった」

もし、この第二原則がマ元帥によって予《あらかじ》め用意されていたのなら、ホイットニー准将によって重大なことが起きた旨を、その表情から察知される程のこともなかったでしょう。

幣原首相の親友であった枢密顧問、大平駒槌《おおだいらこまつち》が息女の羽室《はむろ》ミチ子に語った回想談もこれとほぼ同趣旨で以下の通りです。

「1月24日の会談において、幣原はマ元帥に対して、自分はいつ死ぬか分からないが、生きている間にどうしても天皇制を維持させたい、協力してくれるか、と尋ねると、約束してくれたので、ひと安心した。かねてから考えていた世界中が戦争をしなくなる方法については、戦争を放棄する以外にはない、と話し出した。するとマッカーサーは急に立ち上がって、涙をいっぱい溜めて『その通りだ』と言い出したので、幣原も驚いた。マ元帥は、できる限り早く戦争放棄を世界に声明し、天皇をシンボルとすることを憲法に明記すれば、列国もとやかく言わずに新たな天皇制に踏み切れるだろうと考えた。これ以外に天皇制を継続できる方法はない、と二人の意見は一致した」

またさらに、これを立証する話として、衆議院議員の平野三郎氏が、戦争放棄条項の産み出された背景について、幣原から直接聴取した記録が残されています。晩年に衆議院議長の職にあった幣原の秘書官として、この時、平野氏は奉職していました。この質疑が行われたのは、東京世田谷区岡本町の幣原邸で、昭和26年2月下旬、幣原が在職中の同年3月10日に急逝する旬日《じゅんじつ》ほど前のことでした。平野氏はこの時、憲法9条の意義を改めて問いただすのですが、幣原はこれに対して、〝死中に活〟という表現を使って次のように答えたというのです。

「世の中に軍縮ほど難しいものはない。交渉に当たる者に与えられる任務は如何にして相手を欺瞞《ぎまん》するかにある。国家というものは極端なエゴイストであって、そのエゴイズムが最も狡猾で悪辣《あくらつ》な狐狸《こり》となることを交渉者に要求する。虚虚実実《きよきよじつじつ》千変万化、軍縮会議に展開される交渉の舞台裏を覗《のぞ》き見るなら、何人も戦慄を禁じ得ないだろう。軍縮交渉とは形を変えた戦争である。平和の名をもってする別個の戦争であって、円滑な合意に達する可能性など初めからないものなのだ。……軍拡競争は一刻も早く止めなければならぬ、それは分かっている。分かってはいるがどうしたらいいのだ。自衛のためには力が必要だ。相手がやることは自分もやらねばならぬ。相手が持っているものは自分も持たねばならぬ。その結果どうなるか、そんなことは分からない。自分だけではない、誰にも分からないことである。とにかく自分は自分の言うべきことを言っているより仕方はないのだ。責任は自分にはない、どんなことが起ころうと、責任は全て相手方にあるのだ……。

果てしない堂々巡りである。誰も手の付けられない、どうしようもないことである。集団自殺の先陣争いと知りつつも、一歩でも前へ出ずにはいられないネズミの大群と似た光景―それが軍拡競争の果ての姿であろう。

要するに軍縮は不可能である。絶望とはこのことであろう。ただもし軍縮を可能にする方法があるとすれば一つだけ方法がある。それは、世界が一斉《いっせい》に一切の軍備を廃止することである。1、2、3の掛け声もろとも、全ての国が兵器を海に投ずるならば、たちまち軍縮は完成するだろう。もちろん不可能である。それが不可能なら不可能なのだ。

ここまで考えを進めてきた時に、9条というものが思い浮かんだのである。そうだ、誰かが自発的に武器を捨てるとしたら……。最初それは、脳裏をかすめた閃《ひらめ》きのようなものだった。次の瞬間、すぐに僕は思い直した。自分は何を考えようとしているのだ。相手はピストルを持っている。その前にハダカの体をさらそうという、何という馬鹿げたことだ。恐ろしいことだ。自分はどうかしたのではないか。もしこんなことを人前で言ったら、幣原は気が狂ったと言われるだろう。まさに狂気の沙汰である。

しかし、その閃きは僕の頭の中で止まらなかった。どう考えてみても、これは誰かがやらなければならないことである。恐らくあの時僕を決心させたものは、僕の一生の様々な体験ではなかったかと思う。何のために戦争に反対し、何のために命を賭けて平和を守ろうとしてきたのか。今だ、今こそ平和だ。今こそ平和のために起《た》つ秋《とき》ではないか。そのために生きてきたのではなかったか。そして僕は平和の鍵を握っていたのだ。何か僕は天命を授かったような気がしていた。

〝非武装宣言〟ということは、従来の観念からすれば全く〝狂気の沙汰〟である。だが、今では〝正気の沙汰〟とは何か、ということである。武装宣言が〝正気の沙汰〟か？　それこそ〝狂気の沙汰〟だという結論は、考えに考え抜いた結果もう出ている。

要するに、世界は今、一人の〝狂人〟を必要としている、ということである。何人《なんぴと》かが自ら買って出て〝狂人〟とならない限り、世界は軍拡競争の蟻地獄から抜け出すことができないのである。これは、〝素晴らしい狂人〟である。〝世界史の扉を開く狂人〟である。その歴史的使命を日本が果たすのだ。

日本民族は、幾世紀もの間、戦争に勝ち続け、最も戦闘的に戦いを追求する神の民族と信じてきた。神の信条は武力である。その神は今や一挙に下界に墜落した訳だが、僕は第9条によって日本民族は依然として神の民族だと思う。なぜなら、武力は神でなくなったからである。神でないばかりか、原子爆弾という武力は悪魔である。日本人はその悪魔を投げ捨てることによって再び神の民族になるのだ。即ち、日本はこの神の声を世界に宣言するのだ。それが歴史の大道である。悠々とこの大道を行けばよい。〝死中に活〟というのはその意味である」

この時、平野氏は幣原に更に質問を発します。「目下のところはそれで差し当たり問題はないとしても、他日、日本が独立したなら、敵が口実をつけて侵略をしてきた場合どうするのか」と。幣原の応えは次の通りでした。

「その場合でも、この精神を貫くべきだと僕は信じている。そうでなければ、今までの戦争の歴史を繰り返すだけである。しかも次の戦争は今までとは訳が違う。僕は第9条を堅持することが日本の安全のためにも必要だと思う。もちろん軍隊を持たないと言っても警察は別である。警察のない社会は考えられない。特に世界の一員として将来世界警察への分担負担は当然負わなければならない。しかし、強大な武力と対抗する陸海空軍というものは有害無益だ。僕は、わが国の自衛は徹頭徹尾正義の力でなければならないと思う。その正義とは、日本だけの主観的な独断ではなく、世界の公平な世論によって裏付けされたものでなければならない。そうした世論が国際的に形成されるように必ずなるだろう。なぜなら、世界の秩序を維持する必要があるからである。もし、ある国が日本を侵略しようとするそのことが、世界の秩序を破壊する恐れがあるとすれば、それによって脅威を受ける第三国は黙っていない。その第三国との特定の保護条約の有無にかかわらず、その第三国は当然日本の安全のために必要な努力をするだろう。要するに、これからは世界的視野に立った外交の力によってわが国の安全を守るべきで、だからこそ〝死中に活〟がある、という訳だ」

また、この問答において幣原は、当時憲法9条については、国体の根幹に触れる問題でもあり、仮にも日本側から口にできることではなく、結局米国側からの押し付けという形を取らざるを得なかったのが実情だった、と述べています。

「僕はマッカーサーに進言し、命令として出してもらうように決心したのだが、これは実に重大なことであって、一歩誤れば、首相自らが国体と祖国の命運を売り渡す国賊行為の汚名を覚悟しなければならぬ。松本君にさえも打ち明けることのできないことである。僕の風邪は、元帥からペニシリンというアメリカの新薬をもらい、それによって全快した。そのお礼ということで僕が元帥を訪問したのである。それは昭和21年の1月24日である。その日僕は元帥と二人きりで長い時間話し込んだ。全てはそこで決まった訳だ。……マッカーサーは非常に困った立場にいたが、僕の案は元帥の立場を打開するものだから、渡りに船というか、話はうまく行った訳だ。しかし、第9条の永久的な規定ということには、彼も驚いていたようであった。僕としても軍人である彼がすぐには賛成しまいと思ったので、その意味のことを初めに言ったが、賢明な元帥は最後には非常に理解して感激した面持ちで僕に握手した程であった。……僕は言った。日米親善は必ずしも軍事一体化ではない。日本がアメリカの尖兵となることが果たしてアメリカのためであろうか。原子爆弾はやがて他国にも波及するだろう。次の戦争は想像に絶する。世界は滅びるかも知れない。世界が滅びればアメリカも滅びる。問題はいまやアメリカでもロシアでも日本でもない。問題は世界である。如何にして世界の運命を切り拓くかである。……いまや世界の共通の敵は戦争それ自体である」

さて以上、憲法起草に最も責任のあった幣原首相、マ元帥、そして両人の近侍者の話を総合すると、戦後憲法の非戦条項はGHQが迫って強圧的に作らせたのではなく、むしろ幣原サイドから持ち掛け、1月24日の折衝は、そこまでの話を予期していなかったマ元帥を感動せしめ、大戦の艱難辛苦を経てきたばかりの二つの国の代表のドラマチックな合意が生じて産み出された、という結論に達するのです。

しかしながら、最初に触れた通り、以上の経緯をまったく否定する説もあって、むしろ日本の一般常識においては、長い期間にわたって憲法9条はGHQの強制なるものと考えられてきました。日本政府側の憲法草案をまとめたのは幣原内閣の国務大臣、松本烝治でしたが、彼や後の首相経験者である吉田茂や芦田均らは、憲法9条に謳われる武装放棄の条項はGHQサイドの施策として強制されたものだと主張し、抵抗を試みてきました。その理由は、やはり〝武装放棄〟という発想が戦前戦中までの常識からすると、あまりにも常軌を逸するものだったということもあるでしょう。

また、彼等は幣原首相から憲法9条の制定について全く経緯を伝え聞いていなかった事を理由に、幣原発想説には否定的でした。特に、日本側の公式案であった『憲法改正要綱』を責任者として作成し、結果的にGHQに棄却された当人である松本の場合、「軍の廃止は、GHQからの押し付けで、政府は相当に抗弁をした。マッカーサーが戦争放棄のきっかけが幣原であるというのは全く逆だ」と述べており、憲法9条発案についてはマ元帥の「幣原すり替え説」を主張してきました。

さて、１９７５年になると、毎日新聞社の大森実《みのる》記者が「憲法９条の生みの親が昭和天皇であらせられた」旨の論評を公表するに至りました。大森記者は、かつてＧＨＱの民政局次長で『ＧＨＱ憲法草案』の起草者でもあったケーディス大佐に、当時直撃インタビューをした結果、次のような回答を得ていたからです。

「誰が最初の示唆をしたのかは知りませんが、憲法９条の文言は私が書いたのです。私がそれを書いたとき、ホイットニー准将から手渡された黄色い一枚の紙片、すなわち〝マッカーサー三原則〟を基礎としました。この三原則はマ元帥が書いたのかホイットニー准将が書いたのか、私は知りませんでした。私は心の中で、この発想は天皇から出ているものと考えて書きました。幣原でもない、マッカーサーでもありません。その理由は天皇の人間宣言（昭和21年々頭の詔書）です。あの勅書の中に貫かれていたのは、天皇の神格否定と徹底的平和主義です。私はこれは恐らく、政策の手段としての戦争放棄を述べたものではないかと思ったのです。そこで私は、戦争放棄の条項は天皇のアイデアだったのではないかと思ったのです。（『マッカーサーの憲法』講談社１９７５年）

また昭和26年（１９５１年）、先の平野氏が天皇に関する質疑をした際に、幣原は以下のように述べたことが記録されています。

「僕は、天皇陛下は実に偉い人だと今もしみじみと思っている。マッカーサーの草案をもって天皇の御意見を伺いに行った時、実は陛下に反対されたらどうしようかと内心不安でならなかった。僕は元帥と会うときはいつも二人きりだったが、陛下の時は吉田君にも立ち会ってもらった。しかし心配は無用だった。陛下は言下に、徹底した改革案を作れ、その結果、天皇がどうなっても構わぬ、と言われた。この英断で閣議も納まった。終戦の御前会議の時も陛下の御裁断で日本は救われたと言えるが、憲法も陛下の一言が決したと言ってもよいだろう。……天皇は己を捨てて国民を救おうとされたのであったが、それによって、天皇制も救われたのである。天皇は誠に英明であった。正直に言って、憲法は天皇と元帥の聡明と勇断によって出来たと言ってよい」（傍点筆者）

さて、ここまでに見た流れを踏まえ、結論として少なくとも明確に言える大事なことは、〝戦争放棄〟に関しては、マッカーサーと幣原どちらが先に言い出したか、という議論以前に、二人の強い共感共鳴によってその発想は生まれて発展し、畢竟、憲法9条として制定された、というのが真相だったという事であり、その二人の関係は天皇を頂点とした三角形で結ばれ合っていたという見方が可能ではないでしょうか。

憲法9条が産み出された終戦直後の時代情勢は、連合国内のソ連と英米の対立、すなわち東西冷戦の兆しが見え始めたときでした。そのイデオロギー戦争の余波を受けて、1949年に敗戦国のドイツは東西に分断され、1950年には朝鮮半島で同じことが起こりました。日本もまた、北海道を分割統治され、南北に分断される可能性があったのであり、天皇制は廃止されて、南北二つの共和国として生まれ変わっても不思議ではない状況下にあったのです。戦後の日本がそのような憂き目に遭わずして済んだのは、統一日本の中心たる天皇制が護持されたからであり、それは反対国が少なくない中、マッカーサーと幣原二人の奮闘によって守られたとも言えるでしょう。

そして、天皇制が守られたことの交換条件がまさに憲法9条であった、ということも言えるのです。また一方で裏面から見るなら、結局のところ日本の皇統を死守することに自らは知らずしてマッカーサーも動かされていたのです。戦後、生まれ変わった新たなる象徴天皇制は憲法1条に集約されますが、それは、憲法9条ともどもある意味では日米合同の体制下において、熾烈なる政策的切磋琢磨の中、その合作として産み出され、守られてきたものだったと結論付けて過言ではないのです。ここまでに見てきたプロセスを再考するに、それはもはや人智を超えた天の計らいであったとさえ言えるのではないでしょうか。

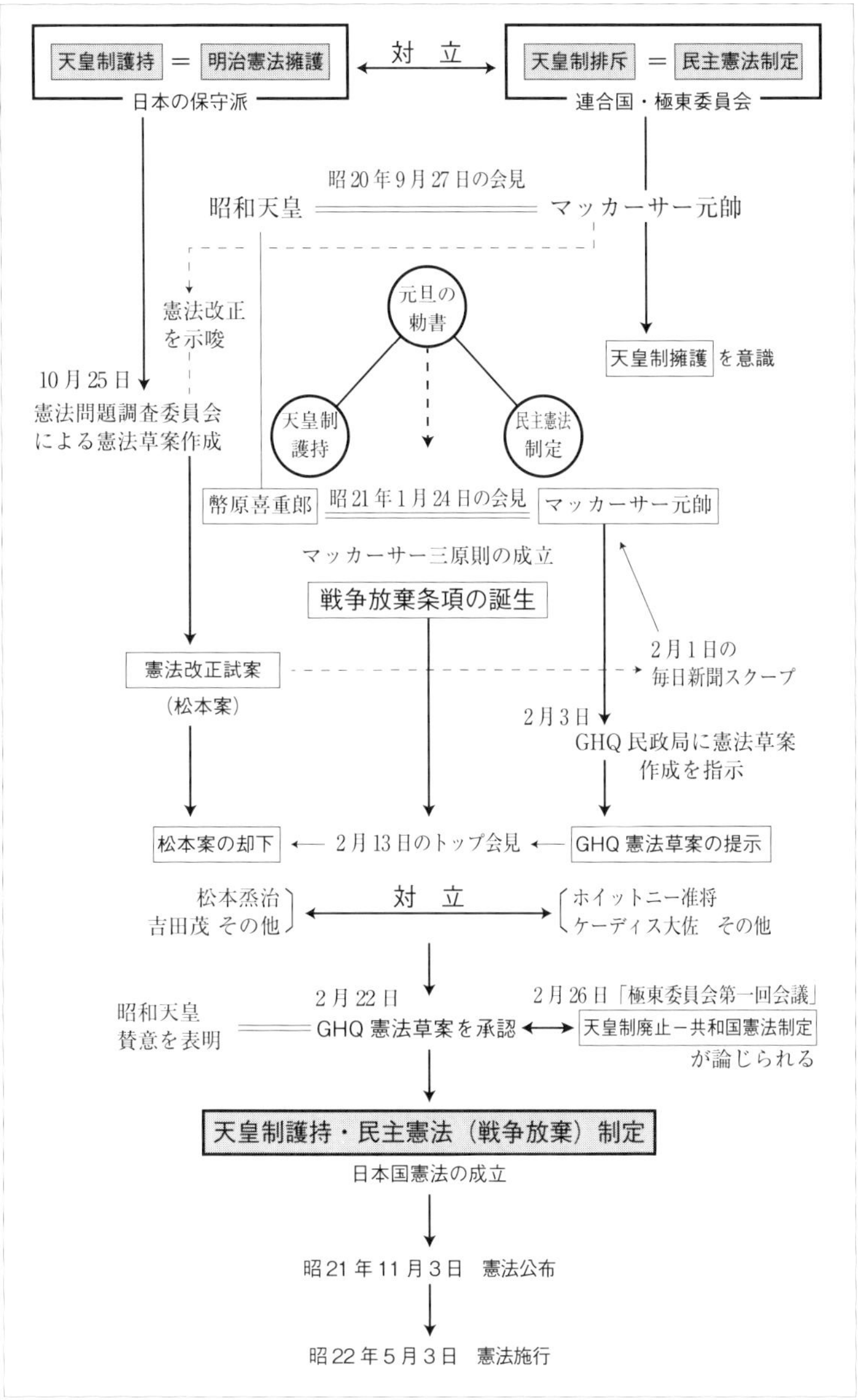


図4　日本国憲法成立のプロセス

現在、世界に27の王国があります。その中で、極東の島国である日本の万世一系の特殊な王制――天皇制は、万世多系でみな血縁関係にあるヨーロッパの王制とは対照的な存在です。歴史的経過のなかで、万世一系の天皇制が形を変えながらも今日まで存続しているのは、天の守護あってのことであり、民主主義を生かした立憲君主制によってたつ世界の国々の中でも、〝戦争放棄〟の平和憲法（9条）を頂いて世に垂範している国は、唯一日本だけです。そして、その原点に天皇（1条）の存在があったのです。

さて、ここでもう一度、世界の雛形国家といわれる日本にかつて起きた時代の大変革、明治維新を振り返ると、「尊皇・攘夷《じょうい》」および「佐幕《さばく》・開国」という相反する二者間の拮抗対立から、双方の代表格である薩摩と長州の連合の成立による熟成プロセスを経て、双方からそれぞれ〝攘夷〟と〝佐幕〟が淘汰され、〝尊皇〟と〝開国〟が保持され結ばれて、結果として「尊皇・開国」という新体制を開花させたのが明治維新の図式でした。

この時の相反する二者間の立場を、終戦後の連合国と日本国に当てはめてみたならばどうでしょうか。大部分が「天皇制排斥・民主憲法制定」を意識していた連合国の意向と、「天皇制護持・明治憲法擁護」を意識していた日本の保守派が最初からぶつかり合う展開のなか、連合国軍の長であるマッカーサー元帥が天皇制擁護に傾き、日本側の長である幣原が〝戦争放棄〟という特殊条項を含めた民主憲法制定に傾き、マ元帥と幣原の共振共鳴によって、双方から天皇制排斥派と明治憲法擁護派が除外淘汰され、天皇制と民主憲法とが共に擁護され結ばれ合って、結果的に「天皇制護持・民主憲法制定」という戦後の新体制が象徴天皇制として、日本国憲法に条文化されることになったのだといえます。そして、その民主憲法は〝戦争放棄〟の9条を含むところが世界の通例から見ても特異なポイントとなっているのです。

そしてさらには、戦後の日本において今日に至るまで常に働いてきた摩訶不思議な政治力学、すなわち、右派と左派の拮抗対立は、機が熟したならば、「1条尊重・9条排斥」の右派と「1条排斥・9条尊重」の左派が、熟成昇華のプロセスを経ることで、双方から1条排斥および9条排斥が淘汰され、憲法の1条と9条が同等に尊重保持され結ばれることによって、結果的に世界から戦争放棄を実現させる「尊王・絶対平和」という図式があぶり出されてくる可能性が考えられるのであります。その時を迎えたなら、それは9月11以後の混迷の世界を救って〝岩戸開き〟を成就する鍵となって、世界平和維新、地球開闢維新の共有基本原則になるということさえあり得るでしょう。1と9の数霊が示すように、それがまさしく世界文明史のアルファとオメガの暗示であったとも言えるのかどうか、その先は、このテーマに関心ある更に多くの人々の研究が待たれます。

# 9 「憲法1条」――象徴天皇とその祭祀

## 〝シロシメス〟ご統治

恒久世界平和の基本原則が、「尊王・絶対平和」という日本国憲法の1条および9条に秘められているものと仮定した時、〝日本国の象徴〟として1条に謳われる天皇は、今後の人類史においてどのような意味を持つことになるのでしょうか。

近代民主主義の潮流において、絶対平和を謳う憲法9条が非常に特殊な位置にあり、文明諸国家が従うべき究極の道義を明示したものに他ならないことは既に確認されましたが、それの生み出された源が天皇にあったのだとしたなら、天皇の本源的な役割というものは、世界諸国の歴史に見られる王政のそれとは一線を画した特殊な霊的・歴史的背景を持つものである可能性がまずは考えられましょう。

憲法9条の成立に至るプロセス自体が、既述のごとく一般社会の既存の常識を遥かに超えるドラマに満ちたものであった訳ですから、天皇問題についても、我々は今一度、既成概念を取り払って謙虚に学ぶ必要があるのかも知れません。

まず言える事として、天皇は古来、日本ではスメラミコトとも呼ばれ、諸外国の皇帝、帝王、国王、首長、天子のどれとも違った機能を具えるものと見なされ、他に類型のない世界で唯一の存在とされます。従って、天皇を「エンペラー（皇帝）＝The Emperor」とする翻訳は、大きな誤認を生じさせることになり得るのであり、本来は漢語の〝天皇〟でもなく、日本固有の〝スメラミコト〟＝The Sumeramikoto〟、〝スメラギ＝The Sumeragi〟、もしくは〝オホキミ＝The Ookimi〟等という呼称でしか表現され得ない特性を有する御存在なのであるということが、今日の人類社会においては広く客観認識されて然るべきでしょう。

では、その〝スメラミコト〟の特性とは何かと言うなら、「天津日嗣《あまつひつぎ》」の道統を、世襲の血脈において悠久の歴史を通して継承してこられたという一点に集約されます。戦前の日本においてそれは人類社会の霊的時空間の中枢に立たせられるべき他に変わるもののない唯一の御柱《みはしら》という意味で〝万世一系〟とも表現されました。
「天津日嗣」の道統とは、天津神《あまつかみ》すなわち宇宙本源のご神魂を、世々連綿と、そしてまた日ごと日ごとに受け継ぎ、これを人類万邦に波及して神の恩恵に浴さしめ、子々孫々に栄えしめてやまない道の義です。これを古来、〝皇道〟あるいは〝惟神《かんながら》の道〟とも呼び、日本の一般社会においては「神道」が祭儀を通してこれを普及し、神社はその機能を担うものと考えられてきました。

この祭儀の長の立場にあるのが、〝スメラミコト〟という御位《みくらい》でありますが、その本義は万民万物を生かしめ、かつ調和的に統《す》べることにあります。その特徴を一言で表わせば、「シロシメス」ご統治にあるものと言えます。「シロシメス」とは、宇宙本源の理《ことわり》でもある〝生かされ生かしめる〟という生の実相を知り、御自《おんみずか》ら体現することです。そのため、国民生活の実態を知り、その本願や希望するところを知り尽くし、それを成就させるべく、日々御自ら御心を澄まし清められ、必要とされる祭祀に取り組まれるのであり、一方で、日本の諸々の民衆文化の深層を貫く道義的な価値観は、全てそこに淵源するものと言って過言ではありません。

ちなみに、古代中国の徳によって民を治める徳治《とくち》政治は、少し似通ったところがありますが、その道統を持続的に受け継ぐ仕組みは存在せず、従ってむしろ度重なる易姓《えきせい》革命によって社会的動乱が繰り返される経緯をたどりました。

天皇の祭祀＝マツリは、〃真《マ》（間）釣《ツ》り合わせ〃の深意を有し、異質な二者の間にあって宇宙の真意にかなった然るべき釣り合いを取ることで、全体を生かしめる働きとなります。その二者とは本来、天と地、神界と現界を意味し、然れば天皇は〃天地の祭り主〃とされてきました。さらに〃マツリ〃は、日月星辰《せいしん》（太陽神・月神・星神）と人の間、地（地球―山の神・海の神・土地神・その他）と人の間においても尊ばれ、それらは〃天神《てんじん》・地祇《ちぎ》〃の祭祀として継承されます。また更には、人類社会において、このマツリの原理および機能・効用が二つの異なる民族や文化、宗教などの間にも適用が不可能ではないものと考えられ、然れば天皇の本義とは、実は大宇宙および人類を含めた地球全体の〃マツリヌシ―スメラミコト〃であり、どこへも片寄らない〃空なる一点〃たる立場にあろうものと考えられます。

では、その同じ〃マツリヌシ〃は、キリスト教の法皇や総主教、またはイスラム教の聖職者や法学者、ないしは仏教の法王や法主《ほっす》や大阿闍梨《だいあじゃり》などでは肩代わりできないのかというと、宗教同士の、また内部の分派同士の、永年にわたる熾烈な対立・抗争の歴史を見ても、それには最初から無理が伴い不可能であろうことが拝察されます。しかし、余談ながら、聖書宗教の母体となったユダヤ教と日本神道の間には、その神話、言語、慣習などにおいて様々な共通性が確認されており、また一方、仏教と古神道の間には、共通して救世主＝ミロク下生に関する預言があります。そこには、今日の世界の宗教問題を解決へ向かわせうる鍵が隠されているのかも知れません。

ところで、神道には、〝真釣り合わせ〟を可能と成さしめるため、第一義的に大切とされ、尊ばれる神事として、人の霊魂を清める「禊ぎ祓い」が伝えられています。実のところ、ユダヤ教の洗盤による浄め、キリスト教の洗礼、仏教の灌頂《かんじょう》や水垢離《みずごり》、イスラム教のウドゥーとグスル（小さな清めと大きな清め）、ヒンドゥー教の沐浴なども、太古の日本の「ミソギ」の御祭《みまつ》りが諸外国へ伝播し、それぞれの地域の生態的環境および民族史的背景に合わせて、宗教儀礼的に慣例化されていったものであるという説が、古神道の幾つかの流れでは古くから伝えられます。

この「ミソギ」の祭りとは、身に付けた衣《ころも》を取り、裸となって、川や海や泉、もしくは水槽や桶などの清澄な冷水に浸かることによって、日々の生活で取り付いてしまった霊魂の汚れや精神の囚《とら》われまでも削《そ》ぎ落として浄化をする神事です。

この御祭《みまつ》りにより、白く透明となった無垢《むく》なる人の霊魂は、大宇宙根本本体（本源神）と直結した分霊・分光そのものであって「直霊＝ナオヒ」とも呼ばれるのですが、その自覚が芽生えることによって、そこに「ムスビ」という万民万物との融合一体の実感が生まれ、それはすなわち〝生かされ生かしめる〟という生の実相を直観することに他なりません。それはまた、生命体たる地球大自然との〝ムスビ〟であって、よく神道の考え方は西欧のエコロジーに近いなどと論評されますが、本来は論理的、生物学的なエコロジーの三次元的時空に留まり得ず、霊的にもっと深い意味を内包する〝生の直観〟に根差したものといえます。

古来、日本が〝日（霊《ひ》）の本〟と呼ばれてきたのは、単に世界地図上の極東に位置し太陽の光が最初に差し照らすという事象のみならず、上記した大宇宙本源の真の親神との霊的な「ムスビ」を具現せしめる神事や祭りの伝統を暗示していたものと考えられるのです。

しかしながら、「天津日嗣」の道統が世襲で継承され続けるに際し、現実問題としては色々な予期せぬ事件の生じた歴史があったのも事実です。例えば、後継者を巡る争いから、ときに権謀術数が渦巻き、敗者側が都《みやこ》落ちせねばならなくなったり、恨《うら》みを残して没したり、かつての天皇が、政治的理由から皇位を追われ非業《ひごう》の最後を遂げたり、中には、天皇一族の後《こう》裔《えい》を呪って憤死するような事例が生じたことさえありました。しかし、その際に、そうした霊魂は、新たな御祭神《ごさいしん》として、天皇家と臣民による丁寧な御魂鎮《みたましず》めの〝マツリ〟の対象とされることはあっても、決して諸外国に見られるような悪魔祓い＝エクソシズムの対象とされることはなかったのです。

このような、深遠な祭儀の文化を有する日本なればこそ、その祭り主たる天皇を通じて、末法の当世、地球滅亡を免れる残された唯一の選択肢として、「憲法9条」――交戦権の放棄という文明諸国が追随すべき究極的道義も生み出されたのではなかったでしょうか。

## 〝ウシハク〟の統治

さて、ここまで記してきた「シロシメス」とは全く対照的な社会統治の仕組みを、「ウシハク」と言います。「ウシ」は〝主《ぬし》〟、「ハク」は〝身に付ける〟の意であり、「ウシハク」の統治とは、主《ぬし》たる統治者が、財力・権力・武力・策謀《さくぼう》等を自らの身に付けることによって民を治めるやり方です。諸外国の歴史を見るなら、マキアベリの「君主論」に見るまでもなく、皇帝、国王、首長等、どれも程度の差はあれ「ウシハク」の統治が大多数であり、例外となるのは、道義と威徳《いとく》により後々の民衆に多大な影響を及ぼした五大宗教の開祖たち、古代中国の天子、一時期のローマ法皇など、精神界のごく僅かなリーダーたちに限られるのが実情だったことが分かります。

従って、人類社会においては永い間、道義や法を司る「祭儀権」と、マツリゴトを司る「行政権」が二権分立し、互いにバランスを取り補完し合いながら、〝祭政一致〟によって民を治め、村を治め、国を治めるのが理想の姿と考えられてきました。その原初的な一例は、西洋においては、古代エジプトを脱出し約束の地カナンへたどり着くまでの間、40年にもわたって民衆を導いたモーゼとその兄アロンに見出されるかも知れません。先住民社会でいうなら、それはシャーマンと酋長の関係に譬えられるでしょう。

しかし、現実論として人類史を見ると、中国において初めて国が統一されたのは〝秦《しん》の始《し》皇帝《こうてい》〟によってであり、その始皇帝は聖賢孔子が説いたところの儒教を封殺し、〝焚書坑儒《ふんしょこうじゅ》〟を行った覇権王として知られます。

ヨーロッパにおいては、「フランス絶対王政」の最盛期に、〝太陽王〟と称されたルイ14世が豪華絢爛な宮廷文化を花開かせ、王権神授説《おうけんしんじゅせつ》に基いてローマ教皇の権威を制限し、有名な〝朕《ちん》は国家なり〟という言葉を残します。しかし、その没後わずか70数年、二代後のルイ16世の時代になると、「フランス革命」の蜂起《ほうき》により国王はその妃マリー・アントワネットと共に断頭台の露《つゆ》と消え、絶対王政の時代には幕が降ろされることになります。

この革命は、従来の古い価値観や慣習から開放された個々人の自立を理想とし、人民によって選出された代表者が、人民との契約（公約）によって統治を行うという、ジョン・ロックやルソーの「社会契約説」に象徴される啓蒙《けいもう》思想に触発されたものでした。そして、革命の生起した1789年には、「フランス人権宣言」が採択され、〝人間の自由と平等〟、〝人民主権〟、〝言論の自由〟、〝三権分立〟などからなる基本原則が謳われます。そして間もなく、〝フランス共和国〟最初の憲法である「1791年憲法」が制定されるに至ります。

しかし、高い理想が謳われたにもかかわらず、革命後の社会的混乱は容易に収まらず、19世紀初め、軍人だったナポレオンは独裁的な統領政府を樹立し、フランスを足掛かりにヨーロッパの大半を軍事制覇し、「帝政」を敷くことになります。そして、ローマ教皇の宗教的権威を牽制し、戴冠式《たいかんしき》では古来のしきたりを破り、教皇の手を経ず自ら戴冠して〝皇帝（The Emperor）〟となります。

彼が生涯に関わった〝ナポレオン戦争〟においては、総計200万もの人々が犠牲になったと言われますが、一面において、人民の自由を求めて戦い続けた彼は、〝ナポレオン法典〟とも呼ばれる最初の「フランス民法典」を制定し、〝法の前の平等〟、〝信教の自由〟、〝経済活動の自由〟などを定め、一時は英雄視されます。〝余《よ》の辞書に不可能の文字はない〟と豪語したナポレオンでしたが、晩年にワーテルローの戦いに敗北してからは、セントヘレナ島に幽閉され、寂しくその生涯を終えることになります。

さて、ここに挙げた歴史上の統治者たちに共通することは、独裁的な権力を掌握し、ときに大きな犠牲を伴う「ウシハク」の統治を推進したものの、人民の恒久的な支持が得られず、或いは戦いに敗れ、その統治は長く続かずに潰《つい》えていったということです。

その後に発達をみる「議会制民主主義」においては、歴史の教訓から「司法」、「立法」、「行政」が独立し合った「三権分立」という社会学者モンテスキューの考案なるシステムが採択され、裁判所、国会、内閣または大統領府という機能が国を治める基軸とされ、大統領や首相や大臣、国会議員や裁判官は、国民の投票によって多数決で選出され、信任され、また不信任とされます。そして、そこにおいては、権力の独裁的な一極集中がもたらす弊を避けるため、〝政教分離〟という原則が重要視されるようになりました。

さて、ここまでの流れを見て理解されるのは、〝政教分離〟の原則とは、元々は西欧社会の近世史における教訓から導き出された比較的新しい政治概念であったということで、その後今日に至るまで、先進諸国ではそれが理想的国家運営の指針ともされるに至りました。

しかしながら、その発祥にまで至る経緯やその社会的環境を振り返ってみるなら、それは対立関係を生みやすい複数の一神教を抱え持ち、また対立する内部分派を擁《よう》する一神教が熱心に遵奉《じゅんぽう》される宗教的地理圏――欧米において、必然的に発生をみ、発展した政策原理であって、そこでは〝政教分離〟の原則が、〝信教の自由〟とのセットとして大切になった背景があったものと観られます。

さらには、功利主義のベンサムが言った「最大多数の最大幸福」という理念が、議会制民主主義の多数決の原理に反映される訳ですが、その〝最大幸福〟とは、個々人の快楽の総量と定義されています。それゆえ、それが人間の霊性を磨き高めることなしに、五感と知覚の欲求充足を主とした物質的な開発の方向へ傾斜したなら、畢竟《ひっきょう》、地球環境破壊や社会的混沌をもたらす要因ともなり得るでしょう。また一方、物的次元における人々の自己保存＝自己防衛の執着や願望が集積されていったなら、敵対性が感知される民族や国家への疑心暗鬼と、やがては紛争や戦争、そして軍備拡大の際限のない悪循環、その末路としての大破局＝ハルマゲドンをも生起せしめるでしょう。

そして、これらの全ての現象は、世界が「ウシハク」の統治を今日に至るまで推進し、一方で民衆が、他の有効な選択肢を敢えて求め得なかった結果、引き起こされ、また引き起こされうるとも言えるものです。

先進諸国が第一次世界大戦の泥沼を経た後、「パリ不戦条約」を批准《ひじゅん》するものの、結局は大戦の教訓を活《い》かすことが出来ず、再び第二次大戦へと突入したのも、現世的な「ウシハク」

の統治の発想が転換できず、突き進んだ結果と考えられるのです。中でも日本は、唯一「シロシメス」統治を世界に展開できる条件を具えながら、結局は軍産体制によって欧米列強と変わらぬ「ウシハク」の政略に堕《だ》し、調和的な統治という本来の目的を実行できずして終わったことについては、大いなる反省の余地が残されているものと考えられます。

日本を初めとする文明諸国の人々は、ここに深い省察を行い、合理的、唯物物、現実主義的な発想のみではもはや人類文明の発展が望めない事、見えざる高い次元とのバランス調整＝真釣り合わせが求められる事、民族と宗教の壁を超えて人類がひとつになるべき精神的枢軸が求められる事、人類史において天津日嗣の祭り主＝スメラミコトにそれらの御役《みやく》が秘められてきたこと、そして、ここで近代史の真摯な反省と路線転換の真剣な努力を怠ったなら、世界は史上最大級の大被害を人類にもたらす世界最終戦争へ突入する危険性が大であること、等々について大いに認識を深め、あるいは確認を急ぎ、そして実効的な対策の実施に速やかに着手すべきでしょう。

優れて合理的な仕組みによって法治国家体制が確立され、その民主主義が世界規模に拡大され、グローバリゼーションにより市場経済の原則が世界に浸透し、人間にとって如何に便利な文明社会が構築されたとしても、その肝心なる〝法〟が天地の道理と乖離《かいり》し、道義にまつろわぬ人間本位のものに過ぎないものなら、全ての意味は無くなってしまいます。また、多数決の原則も、人間が人間のみの現世的満足を求めて行われるに過ぎないならば、それは生命体である地球にとっては害悪にさえなり得るのです。

先進諸国は、もはや百年以上の議会制民主主義の経験を積んだものの、残念ながら上記のごとき弊害は、すでに日本や世界の諸々の社会現象、環境汚染、そして昨今の天変地異の現象等にも明らかに見て取れるものと言わざるを得ないでしょう。

確かに人類の歴史を俯瞰《ふかん》したとき、〝法〟を重んじる立憲民主主義とは、個々人の自由と市民権が尊重される高度な政治制度と観《み》られますが、それは、古代ギリシアの市民社会から発し近代西欧を中心に発展をみるに至った物質主義的な傾向の強い仕組みであることが了知《りょうち》されるべきであり、それが必ずしも中東や東洋の文化的土壌において全て適合し、諸々の要件を満足させる政策原理として必要充分であるとは限らないものと言えましょう。

そして、日本のこの度の憲法問題は、現代の先進諸国がよって立つ物質文明の足らざる精神的側面を補い軌道修正せしめる方向へ改正することも可能ですが、逆に、他の文明諸国と同等の価値観を脱却できないまま改変する方向へ進んだなら、むしろ、世界の破局を早め拡大させることにもなり得る現実を知る必要がありましょう。然るべき舵取りが成され地球全体の蘇り＝黄泉帰りが成るか、日本を含めた世界全体の大崩壊を招くのか、まさに危急存亡の秋《とき》なのであり、ここに地球開闢維新の必要性が叫ばれる所以です。

そしてその鍵は、日の本の民《たみ》一人ひとりの〝意識転換〟にあるのです。日本人の悪い癖である島国根性から自己本位な物質主義を脱却できず、恐れや不安ゆえ自己保存の願望を優先させて古い殻に閉じこもり、世界全体のために貢献しようとする意欲を欠いたならば、まさに世界は大崩壊を迎える瀬戸際に近付いているのです。

## 日本と世界の夜明け

ここまでの確認を通して客観視すれば、古くから日本の平和統治の仕組みでもあったスメラミコトを国民家族的な社会の枢軸となす〝祭政一致〟とは本来、他の制度では代替えできない〝マツリアワセ〟の真義を秘めたものであったことが明白です。そしてそれは、民主主義の原則とされる〝政教分離〟や〝信教の自由〟に反する理念ではなく、それどころか、むしろ今後の世界平和のため、広く国際的にも必要とされる可能性を有する、宇宙法則に則った叡智であり天与の理《ことわり》とも言えるものであったことが分かります。

そもそも、「君主主義」や「民主主義」、そして「社会契約」という考え方、あるいは「絶対主義」や「立憲主義」という定義自体が、西洋文明史のもたらした概念なのであり、日本古来の統治の実相は、そのどれにも当てはまらない理屈抜きの「君民一体」とも言うべき姿にあったものと考えられます。それはもとより、人間がその智恵や経験や発明発見によってあみ出した政治制度ではなく、また、宗教的理念によって形成されたものでもありません。

それは本来、共産党が大正期に唯物史観に基いて定義してから使われるようになった〝天皇制〟という政治的概念をも本質的に超えたものであることがよく認識される必要があります。

また、武家政権が長く続いた日本では、「君民一体」の概念については、〝尊王・開国〟を明確に理念として掲げた明治以降の国家神道体制が想起されがちであるのも事実です。しかしながら、ここでいう「君民一体」とは、「国体」すなわち日本の国柄そのものを久しく貫く統治の基本律、そして日本文化の枢軸にあり続けた伝統等を意味します。

そうした点を踏まえながら、近代日本がたどった「天皇制」の道のりについて再確認してみたいと思います。

明治維新によって開国し、国際社会に躍り出た日本は、当時の世界情勢を鑑みて、国是として「富国・強兵」を掲げることになりました。そして、日本およびアジアにおける初の近代憲法は、ドイツ帝国の憲法を模範に作成され、明治22年2月11日、「大日本帝国憲法」として公布をみるに至り、翌23年11月29日に施行されました。

同憲法では、「大日本帝国は万世一系の天皇これを統治す。天皇は神聖にして侵すべからず。天皇は陸海軍を統帥《とうすい》す」と規定され、日本は間もなく、日清・日露戦争、大正期へ入って第一次世界大戦、昭和期の日中戦争および太平洋戦争と、何度もの戦争を行う歴史的道程《どうてい》を歩みました。その間、天皇は陸海軍を統帥する〝大元帥陛下《だいげんすいへいか》〟であり続け、その神聖権威は〝現人神《あらひとがみ》〟として全国民にとって絶対的なものであったゆえ、短期間に組織系統のしっかりした精強屈指なる日本軍も練り上げられ、連戦連勝したものと考えられます。

しかし、この軍国体制とその政略は、昭和20年の原爆投下による終戦を迎えたことで、幕が下され、ポツダム宣言の受諾によって全面降伏した日本は、それまで海外に築いた植民地の全てを失います。

翌昭和21年元旦に公布された「年頭、国運振興の勅書」にみる〝人間宣言〟は、それまでの天皇の神格を、単に自ら否定されたものと一般には考えられがちですが、それは一面的な見方であり、実は、明治期から終戦時までの「大日本帝国憲法」に基づいた軍国体制により、西欧的帝王のニュアンスを伴った〝大元帥陛下〟として祀り上げられた〝絶対天皇制〟への否定の意が含蓄されていたものと観られます。

昭和天皇が即位し立憲君主として立たれて20年近く、必ずしも昭和前期の日本の国策が祭政一致し得なかったこと、すなわち祀り主スメラミコトたる天皇の平和主義の御意向が反映されず、むしろその威光は、軍産体制の政略であったアジアや南洋諸島の侵攻に利用されつつ暴走に至ったことに対して、御自らの御省察と共に国民に広く反省を促す意味合いがあったものと考えられるのです。

されどまた、この大戦の艱難辛苦《かんなんしんく》のプロセス、すなわち大東亜共栄圏という地域ブロックの安定策を標榜し、それによって、長く植民地支配を受けてきたアジア地域から西欧列強を撃退し、最後には大日本帝国が敗北し解体されるという辛い歴史経過を経なければ、アジア諸国の20世紀の独立など容易には勝ち取られなかったであろうことも事実です。

この時代の〝天皇制〟は、日本史上、天皇が祭儀の長と国軍の長を兼任した特殊な時期だったのであり、日本へ天与の役割として下されたものと解される〝アジア開放〟という大目的が達成された以上、日本の戦《いくさ》、すなわち明治維新の国是でもあった「強兵」の時代的意義は終わり、むしろ今度は軍国体制やその弊の速やかなる解消こそが望まれたものと考えられるのです。

天皇の御役《みやく》とは、本来「シロシメス」統治にあるのであり、その歴史上の戦いは全て、高所大局から見るなら全体を生かしめるためのものであり、まさに民草を生かす〝生草（イクサ）〟である場合のみ、意義が認められた伝統を有するのです。

そのような意味では、〝人間宣言〟とは、同時に、明治維新よりこのかた遵守されてきた「大日本帝国憲法」の歴史的役割を、軍国体制ともども陛下御自ら終結させる意味を内包していたものとも観られるのです。

しかし、それならば、〝人間宣言〟された天皇は、かつての至尊性、中心性を失い、〝マツリヌシ〟として神聖なる存在ではなくなったかというと、そうではありませんでした。それは、戦災により疲弊した地域地域の復興を激励されるため、昭和21年から29年にかけて全国津々浦々を御行幸《ごぎょうこう》された際の国民の熱烈な反応を見ても明白に察知されましょう。

〝言論の自由〟が当たり前のようになった戦後、一時は左派的イデオロギーから、「支配者階級」たる天皇の排斥、封建的遺風である天皇制の打倒を訴える一部の思想家たちの動きも見られましたが、大方は一過性のもので終わりました。かつて、その綱領に〝天皇制打倒〟を高く掲げていた共産党も、時代を経過し１９９８年に至って、その中央委員会総会の場で「象徴天皇制を容認する」という幹部会報告を承認するに至りました。

古くからの人権問題として着目される部落問題では、「貴族あるところ賎族あり」として、天皇制が歴史的に、奈良時代以降の荘園制度に基く貴族や奴婢《ぬひ》・賤民の差別、江戸期以降の穢多《えた》・非人《ひにん》の差別、明治期以後の華族制度など、常に階級社会と差別構造を産み出してきたことの弊害が訴えられたこともありました。しかし、部落開放同盟の前身、「全国水平社」の創立者である西光万吉《さいこうまんきち》氏は、人類史においては、祭政一致の母権的な原始共産制社会（原始的タカマノハラ）から、男権による私産的国家を経て、最後には祀り主スメラミコトを中心とした按分《あんぶん》平等な公産的社会（高次的タカマノハラ）の理想が実現されると説いており、それは即ち、人類史究極の高次の共産制社会であるとの結論に達しています。世に諸々の統治形態あれども、天皇と人民の繋がりこそ、まさに不可思議なる天の理《ことわり》と申せましょう。

今日に至るまで、日本民族に、他の国々とは違った特別な試練の数々が与えられてきたのも、機が熟し秋《とき》至ったなら、日本が恒久平和の大任を実現させていくための、世界が認め得る資格と条件が備えられるためであったものと解されます。その資格とは、まさに世界で唯一、国として被った原爆体験なのであり、その条件とは憲法9条――〝交戦権の放棄〟に他なりません。しかしながら、どんなに素晴らしい理想や智慧、あるいは宗教や信仰を土台とした平和運動であっても、今日では明確な限界が察知されることに多くの人々が気付いているのではないでしょうか。そして実のところ、それは、祀り主スメラミコトあってこそ、真の意味で具現されるということに、日本を初め世界の人々が気付くべき時期を迎えているものと考えられるのです。それこそは、恒久平和を実現なさしめる基礎なのであって、本当の意味での原点であり根幹でもあります。

ちなみに、「富国・強兵」を国是に掲げた明治期の維新から１００年目に当る昭和43年（１９６８年）、日本のＧＮＰは西ドイツを抜いて自由世界第2位となりました（1人当りＧＮＰは自由世界第20位）。終戦後の焼け野原からわずか20数年にしての快挙に、世界はこれを「東洋の奇跡」と呼びました。そして明治維新から１２０年の節目となる同じ戊辰の年を次年に控えた昭和62年（１９８７年）、日本は1人当りＧＤＰ世界第1位を達成し、揺るがない世界の経済大国となりました。かつて掲げられた「富国」の国是もすでに成し遂げられた今日、日本民族が世界に為すべき貢献とは何か、その歴史的背景や精神的側面を含めて真摯に考え、実践に移すことが求められているに違いありません。

いみじくも昭和天皇は、同年の9月19日、その御役を一段落されたかのように御不例《ごふれい》で倒れられます。そして、玉体《ぎょくたい》には歴史上初めてメスが入れられることになりました。そして翌昭和63年（1988年）の同じ9月19日、再度の御不例があり、間もなく、年が明けた1月7日に昭和天皇は崩御なさいます。

考えてみれば、明治維新から60年の節目を経過した戊辰の年の昭和3年（1928年）に、外国使節92名を含む2000名以上の参列のもと即位礼が挙行されて以来、翌年の世界大恐慌、そして昭和6年の満州事変から太平洋戦争にまで至る15年戦争、この間5・15事件や2・26事件などクーデターの勃発とその裁断、人類史上初めての原爆投下と終戦の御聖断、影で大きな影響をお与えになり制定をみた平和憲法9条、戦後の復興を励まされての御行幸、そして経済成長と「富国」の達成に至るまで、日本の永い歴史を顧みても、最も劇的な数々のご経験をなされた激動の88年の御生涯でした。

そのご即位から終戦までは、まさに日本が「強兵」政策を推進した時期でしたが、その役割の収束を自らの一身をかけてなさったのも陛下でした。また、終戦後に憲法9条が制定され、その後一度も戦争に巻き込まれることなく全国民が今日まで歩むことが出来たのも陛下のお陰であり、ゆえに日本は全ての国力を経済発展に集中し、終戦直後の全てを失った焼け野原から、かくも短期間のうちに「富国」が成し遂げられたものと観られます。

そもそも、日本建国の国是は、古来「八紘為宇《はっこういう》」とも言われ、それは「八紘《あめのした》をおいて宇《いえ》と為す」、すなわち〝世界の人々が、世界中を一つの家として仲良く共存共栄できるような世界を建設すること〟にあります。それは、一種の道義的世界統一であり、世界共和国的な、あるいは世界連邦的な理想の実現とも言えます。明治維新時の国是「富国・強兵」もまた、「八紘為宇」という大目的を達成するためのプロセスでなければならなかったのです。

昭和天皇の御不例が二度にわたり9月19日に起きたということは、まさに今、憲法9条と1条の事実関係を国民がしっかりと確認したうえ、９条――〝交戦権の放棄〟が誓い合えるような大同世界を建設するため、持てる智恵と技能と財力とを傾注し最大限の努力を為すべきであるという事を、一身をもって明示するものだったと考えられるかも知れません。

さて、この同じ昭和63年の12月、長崎の本島等《もとじまひとし》市長が市議会で「天皇に戦争責任はあると思う」と公式見解を述べたところ、大変な反響を呼ぶことになり、全国から７３００通もの便りが寄せられたと言います。そして、その７０００通近くは本島市長の見解に賛意を表わし激励する内容のものだったといわれます。しかしながら、その手紙を送った国民のうち、どれだけの人々が、ここに記してきた諸々の事の実相を把握しておられたでしょうか。

戦争責任と言うなら、君民一体のお国柄の恩恵をもって、「富国」という目標を成し遂げたこの日本に住む我々は、近年、アジアや世界に対する歴史的責任、道義的責任を本当の意味で果たしてきたか、軍国時代は去ったものの今度は単なる経済的植民地を作り出す風潮に堕してはいなかったか、振り返って考えてみる必要もあるでしょう。

極東国際軍事裁判においては、事前の審議により、昭和天皇に法的責任の根拠は存在しないとされ、訴追には至りませんでした。しかし、大切なのはより高次の責任である道義的責任の方にありましょう。そして、その道義的責任は、敗戦の後、対戦相手国から派遣された占領軍の最高司令官であったマッカーサー元帥のもとに「私は全責任を負います」と命がけで申し出られ、それに心を動かされた同元帥の協力のもと昭和天皇の大御心であった〝戦争廃絶〟が憲法9条として定められ、また更には一身を賭《と》して国民を励まされ、経済復興も立派に成し遂げられた戦後の現実から、すでに充分に果たされているとは言えないでしょうか。それに対して、日本国民は命をかけて天皇の大御心に応え、戦争の道義的責任を果たしたことが戦後今まであったでしょうか。もちろん、A級・BC級戦犯の処刑によって法的責任については命の代償を払わされました。しかし、道義的側面については、今も日本国民の側には重く責任が問われているものと考えられるのです。

天皇と国民の戦争責任問題については、その後、マスコミに大きく採り上げられることもなく、うやむやとなりその決着はついていません。君民一体の国体の歴史を顧みるなら、天皇の戦争責任に触れる場合、当然のこと、開戦に追いやった当時の軍産体制やマスコミを含む国民側の戦争責任にも触れられねばならないでしょう。そしてそれは、国民一人ひとりが深く過去を反省し、具体的行動に移し、アジアの平和、世界の平和が達成されない以上、道義的には未だ果たされたとは言えない状況にあるのです。

実のところ、平成の御世《みよ》となってから起きた災害の数々、具体的には1995年の阪神淡路大震災に始まって、2001年の9・11テロ事件、2004年の新潟県中越地震、同年暮れのスマトラ島沖地震と津波災害、そして2011年の3・11東日本大震災等の一連の流れを見るに、文明の歴史において、日本が昨今の世界に果たすべき路線転換の役割が果たされていないがゆえ、天譴《てんけん》として災害が降《くだ》され、民の気付《きづ》きを促《うなが》しているものと解される部分が少なくないのです。

日本は今、地球環境、先端技術、世界経済、農林業、医療健康、教育、平和問題など、世界に貢献できる日本にしか出来ない役割をすでに多く担っていますが、文明の然るべき軌道修正が為されたとはまだ言えません。こと軍事と平和の問題に関しては、祭《まつ》り主《ぬし》たる天皇および皇道の本質と機能、また、憲法9条制定に至る史的経緯等を顧みれば明らかなように、その大転換は世界中で日本のみが為しうる役割とも観《み》られます。そして、真の平和獲得の運動が世界に展開されるうえで、その平和理念の原点、中心点に一体何があったかについて、人々によく理解される必要があるのです。

全てのものごとに言えることですが、求心力の中心点が明確である時、遠心力もまた働きます。日本を発信源とする平和の戦略＝生草（イクサ）が、強い発信力を伴って世界津々浦々に波及・浸透していくためには、然るべき全体の精神的な中心軸が定まってこそ、全ての歯車が各々《おのおの》の位置に収まり、その機能を発揮できるようになり、そこで初めて全体として必要充分な働きになるものと観られます。そして、それがまさに古来定まって変わらぬ天皇と臣《しん》民《みん》の関係なのであり、然れば、古来日本民族の課題でもあった〝この漂《ただよ》える国（地球）を修《おさ》め理《つく》り固《かた》め成《な》せ〟とされた「修理固成」の御神勅も成就されることとなりましょう。

この原理は、まさに〝太陽〟という中心の一点が定まってこそ、初めて諸々の〝惑星〟や〝衛星〟が正しい運行の軌道を得るという、宇宙秩序の縮図に等しいと言えます。惑星や衛星は太陽を意識せずとも、自然の運行において自然に太陽の恵みを受け、生かされています。しかし、この自然の秩序を自《おの》ずから乱したなら、惑星ないし衛星は軌道を外れ宇宙の孤児となって崩壊する他なくなります。

神武建国 ── 神武天皇の即位大礼 ── 建国国是：「八紘為宇」

明治元年　戊辰 ── 明治天皇の即位大礼 ── 明治維新

維新国是：「富国・強兵」

60年

| | | |
|---|---|---|
| 明治23年 | 「大日本帝国憲法」施行 | |
| 明治27－28年 | 日清戦争 | |
| 明治37－38年 | 日露戦争 | |
| 明治44年 | 辛亥革命 | |
| 大正3－7年 | 第一次世界大戦 | |
| 大正6年 | ロシア革命 | |

昭和３年　戊辰 ── 昭和天皇の即位大礼 ── 強兵政策 達成

60年

| | | |
|---|---|---|
| 昭和4年10月24日 | 世界大恐慌 | |
| 昭和6年9月18日 | 満州事変 | |
| 昭和7年5月15日 | 五・一五事件 | 〈昭和維新の動き〉 |
| 昭和11年2月26日 | 二・二六事件 | 〈昭和維新の動き〉 |
| 昭和16年12月8日 | 太平洋戦争 開戦 | |
| 昭和20年8月15日 | 太平洋戦争 終結 | 強兵役割 終了 |
| 昭和21年1月1日 | 「年頭、国運振興の勅書」発布<br>天皇の人間宣言、完全平和主義宣言 | |
| 昭和22年5月3日 | 「日本国憲法」施行 | ９条「戦争放棄」遵守 |
| 昭和43年 | 日本のGNP、自由世界で第2位 | |

昭和63年　戊辰 ── 個人GDP世界第１位 ── 富国政策 達成

| | | |
|---|---|---|
| 昭和63年9月19日 | 昭和天皇、御不例で倒れられる | |
| 昭和64年1月7日 | 昭和天皇、崩御 | |
| 平成元年1月9日 | 平成天皇、即位後朝見の儀にて憲法遵守の勅旨を明言 | １条９条の拡大による〈平成世界維新の機熟す〉 |
| 平成5年1月19日 | 皇太子殿下、御成婚決定 | |
| 平成13年9月11日 | 米国にて同時多発テロ（実行犯19名） | |
| 平成19年1月19日 | 日本の防衛庁、防衛省に昇格 | |

（数字1－9の頻出は、憲法1条・9条の重要性を暗示しているものと解釈される）

建国国是の「八紘為宇」：共存共栄社会の実現

図５　１─９条「尊皇・絶対平和」への維新年表

日本の国民が、天皇の詔《みことのり》を受け賜り、道義に準ずることは、当たり前な自然の軌道を守るに等しいと言えますが、これを無視することは、本来の軌道を外れ、やがては崩壊と死滅の憂き目を見ざるを得ない結果を招くことを意味しているのです。

## 「憲法1条」と「世界連邦」の理念

民主国家の一員としてごく普通に当たり前な発想をすれば、憲法9条――〝交戦権の放棄〟など非常識であり非現実的とも言えます。しかし、私たちは民主国家としての近代を迎えるはるか以前から、人間主観の発想を超えた君民一体の文化的伝統に生かされてきたのではなかったか、色々な側面から考え直してみる必要があるでしょう。そして、天皇の詔《みことのり》ではなく常識的な自己判断を優先し選択したなら、どんな事態を招来するのか、よく洞察せねばなりません。

かつて神国とも呼ばれた伝統ある日本が、他国同様に自己を優先し、世俗的政治判断に陥ったとき、世界平和を主導し構築してゆく資格を喪失することになり、世界諸国は天与の計らいで降された唯一の戦争廃絶の具体的規約条件を失います。そして、歯止めの無くなった世界は早晩滅亡に向かう他なくなるでしょう。

「武器をとる者は武器によって滅ぶ」という格言を引用するまでもなく、覇権主義や軍国主義によって英雄や独裁者、そして国家が覇《は》を競《きそ》い、多くの民衆が犠牲となった時代はすでに過ぎ去りつつあります。そして、今日の民主主義というシステムが人類の至上の理想郷をもたらすことが出来ない理由についても考察を進めてきました。

こうした状況にあり、日本は今後、過去の戦争で引き起こされた犠牲については、その犠牲者の御魂《みたま》を慰霊鎮魂《いれいちんこん》し、完全平和への道のりを率先垂範すべき歴史的責任、道義的責任を担う立場にあります。そして、その精神的拠り所が、新しい時代の〝マツリヌシ〟に置かれるのだとしたなら、明治憲法に謳われた

「大日本帝国は万世一系の天皇これを統治す」

との趣旨は、人民を道義的に統治するという意味では、今でも間違いではない面を有しているということが察知されましょう。天皇が万民万物をシロシメスという意味において、それは古《いにしえ》の如く今も正しいのです。

一方で、日本国憲法第1条では、天皇は次のように規定されています。

天皇の地位、国民主権――「天皇は日本国の象徴であり日本国民統合の象徴であって、この地位は主権の存する日本国民の総意に基く」

天皇を日本国および日本国民統合の象徴とし、その地位が国民の総意に基くとするのは、一面的な真理には違いありません。しかしながら、これまでの考察からすると、それだけでは人の解釈次第では片手落ちな定義に堕する恐れがあるということも言えましょう。

何故なら、天皇のマツリ、すなわち〝生かされ生かしめる〟悠久なる天の理《ことわり》を反映した祭祀の伝統においてこそ、日本の民《たみ》は生かされ日本文化は発展をみてきたのです。よって、霊的・文化的な意味において、永くマツリの恩恵を被って生かされてきた民が、自らの主権によって天皇の存在を認め、単なる象徴＝シンボルという地位を承認しているものと解するなら、それは大いなる歴史的誤認であり、霊学的観点から見れば本末転倒ともなりましょう。それは、〝マツリヌシ〟たる天皇の真義を封じ、その行く末は、世界史において神慮から必然的に生み出された道義をも滅却し、畢竟《ひっきょう》、人類の自滅行為を誘引拡大するにも等しいことになるでしょう。

天皇を〝象徴〟というなら、それは〝日本国および日本国民統合の象徴〟であると共に、「世界平和の唯一なる〝根源的人格象徴〟」と解釈すべきものでありましょう。

また、戦後永らく政教分離の原則により、天皇家の祭祀は私的《わたくし》なものと位置付けられてきましたが、世界平和の実現へ向けたマツリヌシとしての立場は天皇以外に負える存在はないのであり、その立場は比すべきもののない大公性をともなうものです。

従って、憲法1条は正しくはあるものの、次のような補足事項が付け加えられることにより、初めて宗教史学的、霊学的により完全なものになると言えるでしょう。

天皇の本義——「天皇は、人民の文化の本源において祭りを統括される祭り主であり、その祭祀により、人民を治ろしめす（道義的に人民を統治す）」

そして、日本国民はこの悠久の伝統に誇りをもって、恒久世界平和の実現のため励んでいくべき時代を迎えているものと考えられましょう。

振り返れば、広島に原爆が投下された１９４５年の秋、米国のダブリンでは危機感をもった48人の各界の有識者が集い、戦争防止に関する討議が行われました。これは「ダブリン会議」として知られるものですが、そこで採択された決議の一つは、「核戦争防止に関する有効な手段が見当たらない以上、核兵器を独占管理する国際機関が必要とされる」ということでした。

そして、翌1946年1月に開催された第一回国連総会では、原子力委員会の設置が決議され、その最初の委員会では、「核物質に関しては、国際的な所有・管理・許可のもとに置くこと」が提案されますが、ソ連の反対により採択されるに至らず、その後、長い冷戦の時代を経なければならなかったのは周知の事実です。

ところで、「ダブリン会議」が開催されるに至るまで、ある米国のジャーナリストの本で説かれた一つの理念が影響を与えていました。その本とは、未だ戦時中の1945年6月に出版されたエメリー・リーブスの「平和の解剖」であり、同書では、人類史上の経験則から簡潔明瞭に戦争の原因が指摘され、また、その終結の方法が説かれています。いわく、

1　社会単位を形成する人間集団の戦争は、これらの社会集団――（部族・王朝・教会・都市・民族）が無制限な主権を行使する時にいつも発生している。

2　これらの社会集団の戦争は、主権的権力が、彼らから、より大きな、より高次の単位

に移される時に終止する。

この理想を目指して、終戦後に活発な動きを見せたのが「世界連邦運動」でした。同運動は、アインシュタイン博士や湯川秀樹博士なども提唱者となって推進されましたが、今日に至るまで、戦争の最終的な終結に関する具体策は打ち出されていません。

民主主義の複数の主権国家が、より高次の権威にその主権を委ねた時にのみ人類の戦争は終結に至るものと考えられますが、そのプロセスにおいて具体的に必要とされる規約条項が、まさに憲法9条すなわち〝交戦権の放棄〟でありましょう。そしてその時こそ、初めて人類の本当の〝世界連邦〟は実現をみるに至るでしょう。

しかし、それまでには、人類社会においては宇宙からの侵略に対する疑心暗鬼と自己保存への執着から、〝地球防衛軍〟が形成され、今一度大きな艱難を経なければならない可能性もあります。人類がそのような際限のない「ウシハク」の統治に疲れ果てた時、最後に〝力〟を委譲すべき、より高次の然るべき権威とはどこに存在するのか、今日まで人類は知らずにその歴史を歩んできたのかも知れません。しかしながら、もはや、それをあぶり出す作業も為されたものと思われます。

一言つけ加えると、巷では予言や宗教的なことに関心をもつ人々の間で、〝一厘《いちりん》の仕組み〟という言葉が使われることがあります。これは、終末（末法）のとき、最後の99・9％まで人類文明は滅亡の淵まで追い込まれるに至るが、最後の一厘（0・1％）のギリギリの崖っぷちの場面で、神の〝一厘（一輪）の仕組み〟の発動があり、世の大立て替えのどんでん返しが起こり、人類は救いの道を発見するという予言です。ここでも暗示されているのは、まさに9と1の数字です。

ちなみに、古神道系の啓示の書として知られる「大本神諭《おおもとしんゆ》」において、最初に〝一輪の仕組み〟を予言したのは大本教の開祖、出口ナオであり、出口王仁三郎《おにさぶろう》聖師はその解説書的な意味をもつ「霊界物語」を著すことになりますが、その王仁三郎の命日は、奇しくも昭和23年1月19日でした。また、大本教の流れから出た神道家、岡本天明《てんめい》師は、戦中の昭和19年6月10日に千葉県成田市の麻賀多《まがた》神社の末社である天之日津久《あめのひつく》神社に参拝したおり、突然に霊的な自動書記が開始され、それは後に膨大な啓示の書である「日月神示《ひつきしんじ》」として知られるようになります。「日月神示」では、〝一厘の仕組み〟について更に詳しく何度も触れられていますが、それが始まった昭和19年6月10日を、暗示的に「1と9をむ（6）すべば、10でト——岩戸が開かれる」、と読み解く人もあります。

日本神話の天照大神の物語は、よくイソップ物語の「北風と太陽」の逸話にも譬えられます。日の本の民に降ろされている使命は、霊的暗闇にあえぐ現代世界において、武力や金やモノによってではなく、〝岩戸開き〟の太陽のごとく、まずは相手の神性を信じ霊的根幹から照らし温める御役《みやく》であり、勇を以ってそれが実行された時のみ、世界はいつの日か「ウシハク」の統治を過去のものとして整理する覚悟を決め、「シロシメス」統治に身と心を任せ、本当の意味で一つになる選択を為すに至ることでしょう。そして、それを理想論に終わらせることなく、具体的に推進し実現化せしめるのは、シロシメス貴き御国《みくに》の臣民《しんみん》の役割に他ならないものと理解されるのです。

## 10 「岩戸開き」

### ——〝太陽政策〟に適った自衛隊、ボランティア、ＮＧＯの役割

21世紀の今日、国際社会の向かうべき方向性は、地球環境を破壊せず、全人類の融合と調和を可能とするような路線であろうという認識に多くの異論はないでしょう。そして、そのためには、民族や宗教や国境・領土に由来する紛争や戦争が鎮圧され、世界がひとつのまとまりある統治機能を持たねばなりません。

第二次世界大戦後、今日に至るまで国際連合が、完全ではないものの、その機能を代替えしてきたともいえます。原爆投下による広島・長崎の惨状を目の当たりにしつつ設立の準備が進められた国連は、その発足直後から、人類社会の福祉を充実させるという大義名分のほか、安全保障理事会が中心となって、平和と安全の維持のため、国際政治のパワーバランス

や、核の管理という問題を意識せざるを得ない立場に置かれていた経緯があります。そして、この難題は60年以上の歳月を経て今日まで持ち越されているのです。

一方で、9・11テロ事件以来、米国が推し進めてきた〝テロとの戦い〟は、米国主導の国際政策として〝世界の警察〟としての自負の下、進められてきた経緯があります。これは、方法論的には、まさに武力・権力・財力をフルに行使した「ウシハクの統治」でありますが、世界にいまだ〝専制と隷属、圧迫と偏狭〟の社会構造が存在する以上、賛否両論あるものの、それも時に必要悪として認められる面があるのも事実です。

しかしながら、国際社会の平和が維持されるには、そうした力に頼った「ウシハクの統治」に限界性のあることも、今日、世界市民の目にはもはや明白であるといえましょう。そこで期待される余地が「シロシメス統治」に見出されうる訳ですが、その具体的要件が、憲法9条にまさに集約されているということになります。

しかし、その文言が、単なる理想論の空手形とならないためには、日本国憲法の前文に謳われた〝平和を愛する諸国民の公正と信義に信頼して安全と生存が保持〟され得るような、国際的な社会環境が整備される必要があります。それは、日本やその他の先進国の、より積極的で息の長い地道な平和外交および国際協力に待つほかありません。対象とされる課題は、社会的側面からみても極めて本源的かつグローバルなものであり、この問題は実のところ、国益や民族益を超えた、〃地球益〃を土台としなければ推進され得ない面が大きいことに気付かされます。

従ってその一点に焦点を絞るなら、今日その主役を担えるのは、実は諸国家の、かけ引きや武の力学に基いた外交政策ではなく、むしろNGOやNPOに象徴される民間の〃地球市民活動〃であるものとの結論に導かれます。そして、それら〃地球益〃を優先する観点に立った活動主体が、「シロシメス統治」の真意を理解して有機的に結ばれ、また、各国の旧来の政治体制の仕組みを牽引してゆくことによって、国家や宗教や民族を超えた新しい統治機能が発現されるものとも考えられ、これが、近未来にありうべき世界平和維新のひとつの流れと観られます。

先の明治維新においては、脱藩した志士たちの活躍が実を結び、結果的に「廃藩置県」が断行されることになりました。それまでの各藩は、常陸《ひたち》（水戸）の国、薩摩の国等と呼ばれ、各々が一つのクニとして、いざ事を構えたときには互いに戦闘を交えることもあり得ました。しかし、維新を経て日本全体が一つのクニとなることによって、より高次の統一政体が顕現され、もはやその中の県同士が戦闘を起こすようなことは皆無となりました。

この度の世界平和維新においては、これと同じ図式が当てはまるものと考えられます。いうなれば、この度は「廃国置州」とも呼ぶべきシフトがあり得るということになり、現在の国々はそれぞれ州（行政的自治区）となって世界連邦機構（＝世界国）が具現化されるに従い、それら州同士が戦争を行う要因は滅却されるに至るであろうということです。

この新しい潮流においては、日米の国際連携がやはり大切になるものと観られますが、その関係性は、まさに「北風と太陽」に譬えられるでしょう。昨今、世界の平定、現代の〝刀狩り〟を実現させるには、ときに〝北風〟のパワーが有効な場面もある現実を認めざるを得ません。しかしながら、世界の諸々の異なる文化や伝統に依って生きる民衆が、いつまでも〝北風〟の統治管理に満足し、永続するものとも考えられません。やがては、〝太陽〟の暖かな統治が必要となるであろう展界が予見されるのです。

「北風と太陽」の譬えにある通り、〝北風〟は旅人の緊張を誘い、かえってその防衛本能を呼び覚ます結果をもたらすのに比して、〝太陽〟の役割は、逆に緊張を解きほぐし魂の癒しをもたらします。それは、日本に古来、〝天の岩戸開き〟として伝わる神話の現実版としての〝太陽政策〟であって、まさにこの度は、地球規模の〝岩戸開き〟が待たれているものと考えられるのです。

そして、その際に不可欠になるであろう要件、〝岩戸開き〟のための鍵が、日本国憲法の1条および9条に含蓄されているものと結論される訳です。そもそも、憲法9条第2項の〝交戦権の放棄〟は、民主主義国家の憲法規約としては、最初からありうべからざる条文だったのです。従って、独立自尊の民主国家としては認め難きものゆえ、憲法改正の焦点が、この「憲法9条」へ集約されてくるのも今日としては当然の成り行きといえるでしょう。

しかしながら、日本の国民は、すべからく次の事を同時に知らねばなりません。すなわち、日本は民主国家でありながら、実は元来、根本的意味合いにおいて欧米的な民主国家とイコールではないという事。文化的伝統において日本は太古より、〝シロシメス〟ご統治の君民一体の国柄であったという事。そして、まさに国家同士のエゴに基く、〝国益〟を優先し合おうとする政策が、今日では世界的にオーバーヒートし限界に達しつつあるという事。それは、地球規模で益々深刻化することが危惧されている環境問題や軍事問題の現況を見るなら明確でしょう。

これらの問題を解決する唯一の方向性は、従来の民族的観念や国益的観念を脱却し、地球市民としての意識に立つほかない事。それらの潮流は、すでに国際的なNGO等の市民活動に見られるのであり、それが、新しい時代の国際社会を牽引してゆく主体に他ならない事。そしてそれが、地球環境を破壊せず全人類の融合と調和を可能とする優れて現実的な方向性でもあるという事。その際、地球市民に広く希求される具体的な規約条項として、遅かれ早かれ必ずや必要とされるであろうものが、国家間における〝交戦権の放棄〟に他ならないであろうということです。

世界の軍事・平和問題や〝テロとの戦い〟を、現代の〝刀狩り〟に譬えるなら、それは、確かに現在、「北風」のパワーによって推進されている現実があります。しかしながら、真の恒久平和は、やがては「北風」自身の太刀も納められ、より高次の然るべき権威へ委譲されてこそ、初めて現実に成し遂げられるに違いありません。

日本国民は、憲法問題においては、自国の国益のみを考えて判断しては歴史的に大きな過失を犯すことになるでしょう。民主主義であって民主主義を超えた貴き国柄の臣民として、低次の物質的次元で相争う諸国家を、道義的に導いてゆく必要性があることに気付くことこそ、まさに今日における民族的課題でありましょう。それは、日出ずる地に生を受けた民草《たみくさ》の、避けるべからざる宿命であるともいえるでしょう。

他の諸国家と同次元に立った領土問題のせり合いや、物量的争奪戦の古い固定観念に捉われた意識を脱し、〝太陽政策〟としての具体的な施策を国際社会に提言していく必要性があろうと考えられるのです。それは、現代世界において「コロンブスの卵」のような意識転換の渦をもたらすものと観られ、その主体は、政治家や官僚以上に、〝地球市民意識〟にたった日本および世界の市井《しせい》の人々のネットワークにあると言えるでしょう。

そして、そのうねりこそ、地球開闢維新、世界平和維新への〝岩戸開き〟を意味しているものと考えられ、この御役の推進や調整については、日本人しかその要の部分が成し遂げられない天命が降されているのです。天に多くの星々はあっても太陽はただ一つしか存在しないように、地球上においてこの〝太陽政策〟を実行できる資格と条件を満たす国柄は、唯一日本しか存在しないためです。そのような意味では、今日、日本国民の決意が世界を救いもするし、滅亡させもするのです。そして、その目覚めがまさに今、必要とされているのです。

## アフガニスタンにおける〝武装解除〟――ある日本人の報告

さてここで、9・11テロ事件以降のアフガニスタンで、タリバンと対峙して戦った北部同盟の軍閥に属する6万人の兵士の武装解除を成功させた一人の日本人のドキュメントは大変参考になるものと考えられます。それは、まさに現代国際社会における〝刀狩り〟最前線の現場から発せられた貴重な声でもあります。

この仕事を成し遂げたのは、国際NGOの仕事に経験が豊富で、国連の派遣によってアフガニスタンの武装解除の統括責任者の立場についた伊勢崎賢治氏です。

同氏は、1980年代後半から内戦独立運動の嵐が吹き荒れた東チモールで国連平和維持軍を統括し、一時は同国の危険な国境地帯の県の知事の要職に就いたり、西アフリカのシエラレオネにおいては、国連が主導するDDR（武装解除および社会復帰）プログラムの責任者としての経験を既に積んでいました。

そして、9・11事件直後の米軍による空爆の後、カルザイ大統領による暫定政権が樹立されたアフガニスタンで、2003年以降は二年間にわたり北部同盟に属する軍閥の武装解除を担当することになります。

上記の仕事はどれも、内戦や軍事作戦によって国家が破綻した後、内紛や戦闘を終わらせて平和を構築し、新たに国を造るという意味合いが強く、まさに国家をゼロから作り直すプロジェクトともいえます。

アフガニスタンの復興においては、日本政府はDDRのため約100億円の拠出を行いましたが、同国に群雄割拠する軍閥の〝武装解除〟は、当時どこの国にとっても最大の難事業と目されていました。何故なら、どの軍閥も元々独立独歩の気風が強くて、軍閥同士互いに仲が決して良くはなく、武器は男の誇りであり、各々〝聖戦の戦士〟であったからです。

しかし、大方の予測に反して、これら軍閥の武装解除は、日本人の伊勢崎氏によってわずか二年間のうちに全て成し遂げられてしまいました。北部同盟に属してタリバンと戦った諸々の軍閥にとって、スカッド・ミサイルや自動小銃などの武器は、まさに日本でいう〝サムライの刀〟、すなわち武士の魂のようなものです。米軍のOEF（―不朽の自由作戦）によるタリバン空爆の後、カルザイ大統領による暫定政権ができたとはいっても、当初それらの武装解除が簡単にできると考える人など皆無で、むしろそれは不可能とも考えられていた作業でした。

しかし、伊勢崎氏は、地方の諸軍閥の責任者たちを実地に根気よく説いてまわり、比較的短期間のうちに武装放棄を実行させることに成功します。その結果、当初の予測を大幅に上回る早さで諸々の軍閥は淘汰され、武装勢力の一部は新たな暫定政府の国防軍に糾合され再編されることになっていったのです。

さて、このプロジェクトの経験から、伊勢崎氏が痛感したのは、「日本の憲法9条は武力紛争の解決に大変役立つ」ということでした。というのも、もし紛争直後のこのDDR（武装解除および社会復帰）の担当者が、軍隊の強権的な力を有する米国や英国の人間であったなら、アフガンの軍閥も反射的に身構えてしまい、おいそれと簡単に武器を手放すということはあり得なかっただろうというのです。

というより、このプロジェクトは、日本以外のどの国が担当しても、恐らく武装解除は成功しなかっただろうといいます。なぜなら、当時のアフガニスタンの人々は、米英軍と組んだ北部同盟の人々であってさえ潜在的な警戒心や反欧米感情を持ち、簡単に言うことを信用して聞く耳を持つことにはならなかっただろうと見られるからです。伊勢崎氏が現地で屈強精鋭の軍閥の長に武器の放棄を説いて回った際に、最初は半信半疑だった彼らも、最後には「日本だから信用しよう」という言葉をもらすのをよく聞かされたといいます。

それは、一般にアラブ社会が親日的であるということも背景にありますが、戦後60年以上の歳月が作り上げた国際社会における日本のイメージが役立っていたのだといいます。それというのも、かつては〝鬼畜米英《きちくべいえい》〟と称してとことん同じ英米を相手に闘い、最後には徹底的に敗北した日本でしたが、戦後は奇跡的な経済復興をいち早く成し遂げ、しかも一度たりとも戦争をせず人を一人も殺していないという平和主義で公正な国家のイメージが定着していたからだというのです。戦後日本の特徴ともいえる好戦性の無さは、戦国動乱の世で生きざるを得ない人々ほど敏感にキャッチするようです。そしてそれは、日本が国際紛争に関与し、それを外交的に解決する作業を進めるうえでは、他国には持ち得ない財産でもあるはずだというのです。

しかしながら現実問題として、伊勢崎氏はこの現地人たちの日本に対するイメージを〝美しい誤解〟と呼んでいます。なぜなら、実際には当時、日本は短視眼的な親米政策をとっており、インド洋における自衛隊の米軍艦船への後方支援活動もすでに進められていたからです。日本では誰もが知っているこの事実も、しかしアフガンでは、伊勢崎氏が武装解除を完了させた2005年位までは、ほとんど現地の人々に知られていなかったといいます。カルザイ大統領でさえ、日本で2001年11月に「テロ対策特別措置法」が施行され後方支援活動が始まってからほぼ2年間、この事実を知らず、伊勢崎氏自身が2003年の9月に話したことで、初めて知るに及んだといいます。

日本がいち早く米軍支持を決め、後方支援を実行に移すことを知った伊勢崎氏は、DDRの任に当たった2003〜2005年の間、日本の自衛隊が米軍とともに動いていることが現地アフガンの人々に広く知られることのないよう、祈るような気持ちで日々を過ごされたといいます。なぜなら、〝武装解除〟という困難な課題を成功させた背景にあったのは、現地の人々の日本に対する〝美しい誤解〟以外の何ものでもなく、それなくしては、たとえ日本人であっても仕事を成功させることはできなかっただろうというのです。

そしてこの〝美しい誤解〟を生み出した戦後日本のイメージの基底にあったのが、ほかならぬ憲法9条だったのであり、それが自衛隊の派遣など現実の緊迫を伴う外交における際も、ブレーキの役割を果たしてきたことを否定できません。そしてそれはまた、伊勢崎氏の体験からみるに、いざという時、最も泥沼化した紛争地域の現場で、〝武装解除〟という最も難しいプロジェクトを成功させる大切な要件でもあったことが立証されます。

伊勢崎氏自身、この前例のないプロジェクトを体を張って成功させた結果、導かれた結論としては、「憲法9条は一つの外交戦略になりうる」という事、「憲法9条を活かして日本が有利な外交を展開できる」ということでした。事実、この平和憲法に基づく日本国の特性のおかげで、同氏が他国には絶対にできなかった難事をアフガニスタンで実現できたのは、議論を超えた証《あかし》に他ならないでしょう。

有事の際、インド洋で行ったように日本が自衛隊を海外派兵し、国連平和維持軍に正式に参画しないまま、半端な条件の下に置かれることは、責任の所在が曖昧となり危険を伴うことになります。かといって、大国の軍事戦略のため多国籍軍や同盟軍の一員として正面きって参画することは、国際社会において日本が戦後60年をかけて築いてきた平和のイメージや信頼性という見えない貴重な財産をつぶすことを意味し、同時に新たな敵対者を作ってゆくにも等しいことになるでしょう。

一考すれば、日本という特異な歴史を歩まされてきた国には、その日本にしかできない国際社会における役割と、外交上の有効な切り札、そしてすでに準備されている恒久平和実現への道筋があるものと考えられます。

基本的に、日本はもはや、戦前のような軍事力、すなわち〝武〟の力学を外交の主力に据えることは不可能です。しかし、軍事力というものが、平和外交を進めるうえで、現在の国際社会情勢においては、時に必要とされる場面もあるのは否めません。しかし、それはあくまでも緊急時のための側面的な手段であるべきものです。自衛隊の大義名分は、本土における「専守防衛」であり、海外派兵ではありません。海外において平和利用される大義がたつなら、積極的に活動を展開して然るべきものと考えられますが、その際に戦車や武器を伴っては真の平和外交の手段とはなり得ません。

日本の平和外交の方針を確固たるものにするには、他国との軍事同盟における自衛隊利用の道はきっぱり閉ざしたうえ、各国の紛争や動乱後の復旧事業もしくは災害復興、およびインフラ整備事業等に貢献するという方向性が、最も安全であり国益や地球益にも適っているといえるでしょう。

その際、日米同盟はどうなるのか、という問題が浮上する訳ですが、その安全保障条約により、双方の国益に見合う場合、米軍に守ってもらう場面もありましょうが、基本的にはその物量的な守りは必要としない、という太陽統治の〝太陽〟としてのスタンスに立つことこそ、最も強い日本独自の平和外交を可能とするものと考えられます。では、もし米軍が存在しなくなり、〝北風〟的なパワーバランスに隙ができたら、北朝鮮や中国が日本本土へ隙をうかがって攻め入ってくるのか、という問題ですが、冷静に考えたなら、この仮定論は実のところ、今日ではナンセンスな話であることに気付くことが大切です。

何故なら、尖閣諸島や竹島など、二国間で認識の異なる微妙な領土問題は別として、今日の日本へあからさまな宣戦布告をし、本土襲撃や軍事侵攻等のバーバリズムを敢えて犯してでも侵略を強行することは、世界全体への宣戦布告にも等しいことを、日本人以上に彼らが知っているからです。譬えるなら、どんな突風や嵐が吹いてみても、〝太陽〟には届き得ないし、本当の効果はないことを、彼ら自身が霊的な意味では了知しているということです。またさらに、いざとなれば民族の精神力や団結力は、どんな強大な軍事力をも凌駕《りょうが》する手ごわいものであるということを今日の人々は皆知っています。まして相手が日本人となれば、彼らにとってその想いはなおさらでしょう。むしろ、近代史の経験は、いまだ東アジアの人々には深いトラウマを残しているのです。

むしろ、それを知らないでいるのは、戦後ことなかれ主義の物質偏重社会の弊に陥り、利己的な自己防護の堅い殻に閉じこもって霊的な感性が鈍くなってしまった日本人の方かも知れません。これも、いうなれば長年の祭政不一致のなせる結果ともいえ、その弊害は日本のみならず東アジア、そして世界の軍事緊張の問題にも露呈しているものとさえいえるでしょう。このような霊的無知が、地球全体の存亡の危機が近付きつつある今日では、大きな罪ともなるという現実に目覚めなければなりません。ともかく、彼らの仮想敵国は英米なのであって、そのミサイルは、日本に配備された米軍の基地に先ずは向けられているということです。

諸々の状況を勘案するなら、日米同盟においては、日本が真っ正直に米国の国際軍事戦略の後ろを付いて回るような真似をせずとも、別の形で充分に米国に貢献することが可能です。それこそが「北風と太陽」政策といえましょう。ときに米軍が〝北風〟として封建体制や旧体制に固執する政治権力の破壊や解体の役割を為すことがあっても、日本がその〝北風〟を真似たり無益なポーズを取ったりする必要はないということです。そして、日本の役割が霊的な意味で〝太陽〟に相応するのだということを、まずは日本国民がもっとよく自覚し、さらには、必要あれば米国の方々にも具体的例証を示しながらよく理解してもらい、日本は役割分担としてそちらへ徹するということです。

〝太陽〟の役割である武装解除や社会復帰、治安復興は、日本だからこそよく成し得る役割なのであって、〝北風〟として機能する宿命にある米国には同時には成し得ない役どころなのです。そしてそれが、どんな戦闘の終結後にも否《いや》が応でも必要とされる仕事であることを客観的な視点にたって理解して頂くことで、この役割分担制は正当に可能となる道が開けるのではないでしょうか？

世界最大で最先端の物量的軍事力は、まさに〝北風〟を象徴するものですが、日本は〝太陽〟を象徴するという真意を忘却しない限り、〝北風〟の存在を認知することはあっても、それを恐れたり真似をしてみたりする必要などないのだということです。

これは、単なる観念的な話ではありません。一例を挙げれば、インドのマハトマ・ガンジーがその「無抵抗主義」により、武力を全く用いずして、英国からの独立を成し遂げた事実も我々の歴史には記憶されています。そこにあったのは、物量的な力ではなく、断固とした信念に基いた精神的な力であり、然るべきそのリーダーシップでした。それは結局、物量的な力を凌駕して、歴史的変革を達成するに至ったのです。

末世の今日、地上において諸々の浄化の嵐《あらし》が吹き荒れるなかでも、太陽が太陽自らの役割を忘れることがあっては、地上界の何者も生きてはいけないのであって、日本が今日、そうした矜持《きょうじ》と覚悟を持つことが求められているものと考えられるのです。

## 宇宙防衛構想――UFOは現代の〝黒船〟か？

〝太陽政策〟や〝無抵抗主義〟といえば、今日では宇宙防衛構想や宇宙戦略等の問題も含めて考えなければならない状況にあるものと考えられます。

人類の科学技術の水準が、もはや今日、地球周回軌道に数千もの人工衛星を飛ばし、月面や他惑星などの宇宙開発も可能とせしめるほど発達しているからです。地球人類がどのような理念や哲学をもって宇宙開発に臨むのかという問題は、恐らくは地球人類のみならず、銀河系宇宙の知的生命体や高次宇宙意識体という存在があるものと仮定するなら、彼らにとっても極めて重大な関心事であるに違いありません。

地球は人類の生存に適した唯一の惑星であり、暗黒の宇宙空間において生命を宿した掛けがえのない唯一の惑星であるとした、いわゆる〝掛けがえのない星〟のキャッチフレーズは、永らく20世紀の社会的常識ともされ、人々は特にそれに違和感を覚えることもなく、むしろ愛《いと》おしい感情や誇らしい想いさえ抱いてきました。そして、大多数の人々は、歴史学や考古学、生物学や人類学などの19～20世紀の科学的知見により、地球人は自らの進化により高度な文明を達成した特殊な存在であるとも考えてきました。

しかしながら、第二次世界大戦後から今日に至るまで、世界中で観察されるようになった未確認飛行物体――UFOや、異星人・異人種との遭遇報告、あるいはシリウス、プレアデス、オリオン、その他の星系に発する高次宇宙意識体からの霊的啓示やチャネリング・メッセージ等が時を追って増えてくるに従い、地球に先行する銀河宇宙文明とこの地球文明の発展プロセスにおける関わりを、我々は意識せざるを得ないような状況になってきています。

地球外知的生命体といえば、「未知との遭遇」や「E・T・」などの米国映画に出てくる宇宙人を想起される人々も少なくないものと考えられますが、実は、アイゼンハワー大統領やケネディー大統領は、そうした宇宙からの使者と1950～60年代の時点ですでに接点を持ち、それが後の米国の世界戦略や宇宙開発、果ては映画産業等に、良くも悪くも反映されているのだという説があります。ケネディー大統領の暗殺に関しては、様々な憶測が囁《ささや》かれましたが、そのような秘められた宇宙情報を開示する決意をした同大統領へ圧力がかかったものとの見方もあります。

ちなみに、J・F・ケネディーが1960年の大統領選挙において公約として提唱し、翌年から実施されるに至った米国の政策の一つに「平和部隊（Peace Corps)」構想が挙げられます。これは実のところ、上院議員時代からケネディーの政策ブレーンで、1952年にカリフォルニアのデザート・センターで宇宙からの訪問者と遭遇した有名なUFOコンタクティー、J・アダムスキーから聞かされた話にヒントを得て具体化されたものだといいます。

というのは、アダムスキーが同地において最初に地球外知的生命体とのコンタクトに成功した時、言葉の通じない相手と、彼は砂地に作図したりしながらテレパシーで意思疎通を図るのですが、訪問者が地球に来た目的を問うた時、その相手は地球文明が核エネルギーの開発利用段階に達し、それが兵器として使われたことを危惧しているとの趣旨を伝え、しかも、この太陽系で未だ戦争が存在する唯一の惑星が実は地球であるとも告げたというのです。そして、彼らの惑星でも、かつて遠い過去には地球の今の発展段階に等しい時代もあったが、すでに国同士の戦争は存在しないことも伝えられます。

アダムスキーが、ではそのような高度な文明を有する異星人がなぜ危険を冒してまでこの地球を訪問するのかを問うと、宇宙からの来客が答えるには、すべての宇宙の進化は、進んだ星の者たちが遅れた星の者たちを、同胞兄弟として相助け、精神的な援助をしたり文明的な進歩を導くことによって成り立っており、それが宇宙の仕組みであって、宇宙自体の古来変わらぬ営みでもあると告げたというのです。この話を50年代にアダムスキーから聞かされたケネディーは感銘を受け、それと同じ趣旨の下、地球スケールで具体化したものが、いわゆる「平和部隊」構想であったというのです。

「平和部隊（Peace Corps）」とは、アメリカ政府が発展途上国に青年ボランティア隊員を派遣し、現地の開発計画に貢献する目的で1961年から始まった制度であり、隊員達は主に教育、農業技術、公衆衛生、地域開発などの任に当たります。この制度に関しては当初、最先端の文明を享受しているアメリカの恵まれた青年達が、身の危険を冒してまでアジアやアフリカなどの途上国へ赴くことの是非が問われ、連邦議会で決議されるまでは反対意見も少なくありませんでした。しかし、いざ議会の承認を得て蓋を開けてみると、予想以上の大勢のアメリカ青年が派遣を希望して募集に応じ、世界の諸国へ継続的に派遣されることになったという経緯があります。

日本では、〝最後の国士〟とも呼ばれ、歴代総理の御指南役でもあった末次一郎氏の尽力により、「青年海外協力隊」の制度が1965年から始まり、現在までに3万人以上の青年ボランティアが、80カ国以上の発展途上国に派遣され、国際協力の任に当たってきました。現在では、「青年海外協力隊」は外務省の外郭団体であるJICA（国際協力機構）の下部機関として、日本のODA（政府開発援助）の一翼を成す事業部門にまで成長するに至った訳ですが、その開設においては、1961年からスタートした米国の「平和部隊」も大きな刺激になっていたものと見られ、それらの発足の背景に、実は知られていない宇宙からのアドバイスが秘められていたということになります。

さて、これらの話が本当ならば、我々の旧来の常識の多くは引っくり返ってしまいます。なにしろ、地球は唯一の生命進化を成し遂げた惑星などではなく、実は銀河宇宙文明の連合体においては、最も精神的には未熟な星であったという話なのです。

しかしながら、宇宙からの訪問者が、地球の無謀な核エネルギー開発を危惧してアドバイスに現れたという話は、第二次大戦後からにわかに各国で目撃されるようになった未確認飛行物体――UFOの頻度の多さから考えるなら、あり得ない話ではないかも知れません。

むしろ、日本人の我々に理解しやすい事例でいうと、今日見られる未確認飛行物体(UFO)とは、幕末期の〝黒船〟に匹敵するものであると言えるのかも知れません。論ずるまでもなく、幕末の黒船来訪は、それまで鎖国を続けていた日本人の意識転換を余儀なくさせ、結果、明治の〝開国維新〟が成し遂げられる端緒ともなりました。

未確認飛行物体(UFO)が、今日の地球人類社会にとっての〝黒船〟であったとしたなら、来訪する異人種ないし銀河宇宙連合体は、地球人類に対して門戸の開放を望んでいるのであり、地球人類は公《おおやけ》の交流の扉を開くのか、どうするのか、選択を迫られているという話になるでしょう。まさにそれは、地球文明が旧来のパラダイムを超えて、宇宙文明の仲間入りをするための通過儀礼とも解される歴史的な出来事であり、人類がその通過儀礼を経るには、古い概念や常識を捨て去り、全て刷新される必要性が生じてくるものと見られ、ことに日本国憲法の9条に謳われた〝戦争放棄〟は、その欠くべからざる具体的要件になるものと見做《みな》されます。

宇宙からの来訪者たちの地球における拠点は、地上界の諸々の混乱や意識の未発達な人々からの攻撃を避けるため、太古から密かに地球の地下深くに開設された巨大な空洞内に存在し、そこは宇宙母船などの停泊基地にもなっているとの話があります。チベット密教などに古来伝承されてきた〝シャンバラ〟とは、菩薩行の最高段階である〝等覚《とうかく》〟の精神レベルへ到達した地下の住人たちの世界を指すのだという説がありますが、今日ではこれに類似した話も世界各所で囁かれます。そこは、日本人が〝地下世界〟のイメージから連想しがちな、暗い〝黄泉《よみ》の国〟ではなく、我々の科学には未だ未知な宇宙空間から引き出されたエネルギーによって、地上の太陽光に匹敵する光が燦々《さんさん》と輝き、植物も地上界と変わらず生育している静かで理想的な閉鎖系の居住空間だと伝えられます。

こうした地下都市は、地表から数十キロ以上の深さに存在しており、地上界のエネルギー・

スポットとして古くから知られる中央アジアのヒマラヤや崑崙《こんろん》、エジプト、北米シャスタ山、中米マヤ、南米アンデスなどの聖地とも特殊な通路でつながっており、同時に地下都市同士を結ぶ長大なトンネル網が張り巡らされているのですが、我々の地上世界とは遮断されているものとされます。言い伝えられてきたこのような神秘的な伝承に、果たして信憑性があるのか否か、地球の真相を探求するため、古来僻地に足を運んだ偉大な探険家たちが存在し、また、領土問題やエネルギー問題ともからむ事の真偽を確認するため、本格的な調査隊を派遣した政治家も少なくはありません。第二次世界大戦開戦時の米国大統領だったF・ルーズベルト、ナチス・ドイツのヒットラーなども例外でありませんでした。

メリーランド州に建設されたアメリカ大統領の公設の別荘「キャンプ・デービッド」は、ときに外国の要人のもてなしに利用され、2012年には主要国サミットの会場ともなりました。しかし、この施設が当初は、F・ルーズベルトによって〝シャンバラ〟と同義の「シャングリラ（理想郷）」と呼ばれていたことを知る人は多くないかも知れません。かように地下の理想郷伝説は、世界の諸々の人々を魅了し続けてきたのですが、その扉の封印は閉ざされたまま今日に至っているのです。

ちなみに近年、先進諸国では最先端の科学技術を駆使して、地球の深部の探査が進められており、マントルのサンプル採集に科学的な関心が集まっています。この地底探査プロジェクトにおいては、日本のＪＡＭＳＴＥＣ（海洋研究開発機構）の探査船〝ちきゅう〟が活躍しており、同探査では海底を特殊なドリルで掘り進み、現在海面から約７、７００メートル強の深さに達し、海底の調査掘削の世界記録とされています。

今日まで人類が掘った最深記録は、１９８９年に行われたロシア北部コラ半島の学術調査ボーリングで１２、２６２メートルといわれます。従って、現在地球上の技術では、地球半径約６、３７０キロのうち10キロ少ししか内部の地質状態は確認されておらず、その更に深部がマントルの詰まった状態にあるのか、あるいはそれとも、伝承伝説に言われるように、場所によって地球内の深部には空洞や間隙《かんげき》が広がり、本当に〝地下世界〟が存在するのか、実際には全く確認されていないのです。

この度の〝地球開闢維新〟とは、現代の「黒船」ともいえる宇宙からの来訪者に我々が心の窓を開き、宇宙的規模の交流時代に入ることを意味し、かつまた、惑星地球の霊的な意味での成人儀礼をも意味しているものと解釈されますが、同時にそれは、「地下シャンバラ」への秘められてきた扉の〝岩戸開き〟であるとも伝えられているのです。そして、それを実現せしめるため、地上界の我々が社会機構的に整備すべき必須条件が、まさに〝戦争放棄〟であるというのです。その他、人種差別等の撤廃、偏狭な民族主義からの脱却、社会格差の是正、貧困の撲滅など、地球人類が宇宙的交流の時代を迎えるに当たり、クリアすべき課題は少なくありませんが、〝戦争放棄〟は最低ラインの条件であるといわれます。

さて、こうして見ると、日本の憲法9条とは、〝地球開闢維新〟という桁違いの通過儀礼においても、求められている必要条項なのであることが分かります。それはもはや、単に島国日本のみの都合《つごう》や、旧来の民族主義的な発想や判断で済まされる問題なのではないということです。

近年の世界的傾向として、宇宙からの予期せぬ小惑星衝突や、地球侵略の意図をもつ宇宙人――エイリアンの攻撃からのいざという時の防御が必要であろうとの認識が拡がりつつあります。それはまさに、近未来の地球の防衛問題を左右する重要課題でもあります。これは、〝地球外知的生命体〟の意識というものが現在の大方の地球人にとって未知数であり、得体の知れないものである以上、致し方ない一面があります。

唯物科学的な視点に立てば、銀河系宇宙には生命の生存可能な惑星は数百億も存在し、地球に似た条件を有する惑星だけでも百万個以上と見込まれ、その中の幾つかには高度な知的生命体が存在して不思議はないと考えられています。近年では、英国のS・ホーキング博士なども、それら知的生命体の地球への接近・到達および侵略の可能性について言及するに及んでいます。しかし、地球人類は次のような宇宙からのメッセージが、すでに発せられていることにも耳を傾けてみるべきでしょう。

「貴方達は一体いつになったら理解できるのだろうか？　自らの意識こそが、異次元から来る者達を異形《いぎょう》の姿に変えてしまうのだということを。貴方達が無限の世界の旅人に見出したと思い込んでいるものは、人間の内に潜《ひそ》む怪物の姿に他ならないということを。銀河系連盟の世界では、地球人ほど好戦的で暴力的な人種はなく、貴方達ほど敵意にあふれ、攻撃的で愚かな民族は存在しないというのに。映画やテレビなどの大衆文化では、我々の姿は身の毛もよだつような生き物、恐ろしい侵略者のように描かれている。そして、貴方達の世界を征服し、全人類を屈服させて奴隷化しようと企んでいるなどとの筋書きがまかり通っている。もしそんなことが、貴方達の世界にいるエイリアンの真の目的で、スターピープル（宇宙人）の目標が侵略や征服だというなら、もう何百万年も昔に貴方達は征服されていたでしょう。そして、破滅に追いやられ、この天体から追い出されるか、奴隷と化していたことでしょう」

このメッセージは、比較的近年のものですが、先のアダムスキーが１９５０年代に受け取ったメッセージとも整合性があるように解されます。

宇宙の知的生命体は、地球人類――ホモ・サピエンスとは違った種である可能性もあり、また、地球とは次元の異なる世界、より高次の時空間ないし並行宇宙的な世界に住する存在である可能性もあります。火星や金星など太陽系の惑星に関しては、我々のこれまでの常識では、唯物科学的な観測調査により、水や大気が存在しないため、あるいは極低温ないし高温のため生命体は生存できないものとされてきました。

しかし、こうした太陽系惑星も、多次元宇宙的な視点から観れば知的生命体の存在はあり得ない話ではなくなります。物理的な面に絞って見ても、地球人類の宇宙探査はまだ端緒に付いたばかりなのであり、諸惑星の地下世界について、いな足元の地球の地下世界のことでさえ未だ定かには解明されていないのです。

さて、そのような未知なる異人種を、地球人類が受け入れられるようになるには、自らの心の内側の恐怖や不信を克服しなければならないでしょうし、姿の異なる知的存在に対して、そして大宇宙の進化の法則に対して、より大きな理解力を持つことが求められるでしょう。そもそも地球人類同士が、同士討ちである戦争を辞められずにいる間は、宇宙的交流の門戸が開かれるのもまだ先の話となることでしょう。

ところで、もし地球がこの銀河系宇宙のなかで、先のメッセージに見たように進歩の遅れた惑星であるとしたなら、祀り主スメラミコトと地球外文明との関係は、どう理解したらよいのでしょうか。三次元的な基盤に基く地球文明は、諸々の進歩を遂げた宇宙文明から見れば、最も密度が高く重たい時空間に存在するものとも考えられています。しかし、それゆえにスメラミコトは、諸々の次元の宇宙存在についても、他の世界では不可能なマツリを取り持つことができる可能性があります。というより、銀河系宇宙における諸々の知的存在たちの持ち越されてきた課題は、まさにこの地球に〝映し鏡〟として集約されているものと解されるのです。

そして、昭和天皇がその〝映し鏡〟である地球人類社会の歴史において、「戦争放棄」のご発想者であられ、かつ陰なる提言者でもあられたということは、実は銀河宇宙規模における刷新、時空のシフトアップを促すインパクトをも有する可能性が考えられます。これまでの地球文明は、確かに精神面や霊性においては比較的遅れた状態にあったのかも知れません。しかし、この度の課題がクリアされ〝地球開闢維新〟が成就されたなら、地球は宇宙諸々の知的存在にも進化のヒントを提供できる存在になるものと考えられます。

〝災い転じて福となす〟という言葉がありますが、「不良惑星の最大値の負の経験を転じて最大値の正の創造を成す」、あるいは個々人に関わる精神的な表現では「心の闇を克服して神人となる」といえばイメージされ易いでしょうか。

古来、スメラミコトは自らを「朕《ちん》」と称しましたが、「朕」とは、月偏《つきへん》に表わされるように、肉体をもちながら天（宇宙）の八方からの情報（啓示）の受信者としてお働きになる霊性を具え、それらの〝真《ま》（間）釣《つ》り合わせ〟を可能とする〝マツリヌシ〟としての御役をお務めになられるゆえ、そのように称したのだとも言われるのです。

さて、近年の世界の流れを受け、日本の国会では平成20年5月、宇宙開発および利用の基本的枠組みを定める「宇宙基本法」が制定されるに至りました。同法は、冷戦終結後、宇宙開発がグローバル化し、人工衛星の製造や運用、ロケットの打ち上げなどが民間に移管されつつある流れを鑑《かんが》みて、産業育成や経済発展への競争環境などを考慮して定められたものですが、１９６９年の「宇宙法」に関連する国会決議以来、平和目的に限定されていた宇宙の開発利用については、その制限を緩和し、侵略目的でない場合は、防衛を目的とした利用も一定の条件の下、許されるものと解釈されています。

同法の施行に伴い、従来は文部省（文部科学省）、通産省（経済産業省）等が実施主体として担当してきた宇宙開発について、内閣総理大臣を長とする「宇宙開発戦略本部」が設置され、これにより本格的な宇宙開発の企画立案を進めるものとされます。こうした動きは、国家戦略としての宇宙開発が不可避となってきた国際事情を物語っているものとも考えられますが、これまで遵守されてきた〝宇宙の平和利用〟が、軍事利用に転換される可能性も危惧され論じられる機会が増えてきました。

人類の科学技術の発達に伴い、治安防衛の問題に関しても、地球のみならず、宇宙規模で考えざるを得ない状況に入りつつある今日、世界諸国に精神的な影響力の小さくない日本は、この問題を真摯に受け止め、単に実利的な面からだけではなく、もっと精神的な考究をふまえたうえで論じていく必要があるでしょう。巷間にいわれる〝宇宙防衛構想〟が、防衛ではなく宇宙交流時代の岩戸の封印になってしまったのでは、望まれる〝地球開闢維新〟は達成されないのです。

## 平和・防衛問題のイニシアティブ――「アジア治安維持機構」

世界における治安防衛の問題は、人類の文明史に密接に結びついた課題と考えられます。その背景には、宗教体制の拡大、科学技術の発達、政治経済の拡張展開と、それらの衝突ないし融合同化という、歴史的プロセスの必然性を伴っています。近代、そのネックとなってきたのは、政治・地理的には、国益優先主義や地政学的攻略等をもたらす淵源となった国家・国境の概念です。そしてまた、形而上的には、世界統治政策を推進するバックボーンとしてのイデオロギーもしくは宗教理念であるといえるでしょう。

今日、治安防衛問題が持つ意味は、東西文明の今後の存続とその転換の有りようを左右するという観点から、どの国にとっても極めて重要なものといえましょう。国際政治バランスとその妥協において、現状維持に甘んじている間にも、世界の均衡は常に揺れ動いており、地球生態環境やその維持機能の限界に関わる只《ただ》ならぬ問題となってきているからです。

根本に立ち返って考えると、治安防衛の機能は、個人・血縁集団・地域集団あるいは国家とを問わず、その始まりは、不信・対立・敵対する対象者が存在し、その攻撃からの自衛手段として発展しました。そして、それは自己防衛本能に基づいたものであって、その背景には個人・家族・部族・民族ないし国家の〝尊厳保持〟の願望、また更にはその死滅へ対しての不安や恐怖が存在しています。

しかしながら今日、大国同士において極限まで発達した軍備に関して見るなら、それらに拘泥《こうでい》し合うほどに、地球の維持機能に関わる、自国も含めた世界全体の死活問題にまで発展するというジレンマを抱えており、そうした出口が見えない不安のなかに今日の世界人類は辛うじて生存しているといって過言ではありません。

そこで、ＩＡＥＡ（国際原子力機関）の核査察なども行われ、国際軍縮会議が継続され、時に核開発に関する国際規約を守らない国家に対しては、経済制裁や軍事攻撃が行われてきたプロセスもあります。アフガニスタンおよびイラクの問題が、一段落したかどうかという今日、イランや北朝鮮の核問題に国際社会は神経を尖らせざるを得ない状況が生まれています。際限のないこのような国際緊張は、世界最終戦争──ハルマゲドンを経て、人類が究極の大艱難をともなう大峠を越えなければ、やはり辞むことがないのでしょうか。

ところで、ときに〝聖戦〟と信じるものを通しても尊厳保持を守りぬき、ときに覇権を競い、また侵略や死滅への不安あるいは恐怖を抱き合う分断された国家や民族の背景には、相手とは異なる宗教理念もしくはイデオロギーと、自民族中心主義や選民的思想の潜在していることが指摘されます。

しかし今般、極めて大切なのは、それらが人類史の発展段階において各々絶対的なるものではなく、発展過渡的なものであることに、各国の宗教界や政界の渦中にある指導者層が気付くことでありましょう。そして、その点における宗教（イデオロギー）的呪縛からの開放こそが、大同世界建設への第一歩になるものと考えられます。また、世界と民衆を幸福にしない〝システムとしての国家機能〟の限界を見定め、適切な代替案なり補助策の具体化を検討する必要もあるでしょう。

なぜなら、すでに到来しつつある人類史の次なる発展段階においては、尊厳保持の基本ベースは、特定の宗教やイデオロギーに属する民族集団や国家ではなく、〝種としての人類――ホモ・サピエンス〟に依拠し、更には植物圏や鉱物圏をも含めたガイア意識（＝地球意識）、そして宇宙的全体意識（＝普遍意識）に昇華されてゆくものと見られるからです。

また、人類の〝霊魂の不滅〟について、学びや経験を積むことによって信仰から確たる実感のレベルへ移行するに従い、多くの民衆にとって物的次元における死滅への恐怖は存在しなくなると共に、その〝尊厳〟とは万邦人類において平等共有のものであることを理解するに至り、防衛の要塞としての「国家」や「共同体ブロック」の理念自体がナンセンスとなります。

今日、国連が世界の防衛問題に関して、更なるリーダーシップを発揮し、核の廃絶と国単位の軍備の撤廃を実現させ、結果として、世界各国の戦争の放棄が実現に至ることは人類史悠久の悲願でもあります。そして、〝世界治安部隊〟として、大規模の災害や事故の際、国境を超えて平等に支援し合う治安システムとしての再編こそが期待されましょう。

しかしながら、期待されるべき国連において常任理事国5カ国がすでに核保有国として、国際的政治バランスと妥協の上でしか動きの取れない進退窮まる現状では、その限界もまた明らかと思われます。それは、国連の出発が、そもそも第二次世界大戦の戦後処理問題への対応から、戦勝した連合国によって、〝武〟の力学、〝ウシハク〟の統治理念に基づいて始まったものである為でもあり、理念的にも、キリスト教が大勢を占めることから、イスラム圏、中国以外のアジア圏、その他少数民族国家の声が、反映されにくい側面があることは否めません。

さて、西側世界の主導で今日まで導かれた世界システムに、容易ならざる限界があり、その壁の超克《ちょうこく》が、地球と人類の存続にとって不可欠であるならば、アジアから代替案を示すことに時代的必然性があるものとの考え方も不自然ではないでしょう。人類精神史的に、深い背景をもつアジアからの変革が、世界全体の理想的変革に貢献しうるのであるなら、人類存亡の危急の今日、政・官・学・民の枠を超えて、この課題はより真剣に取り上げられて然るべきものと考えられます。

東アジア圏でも、特に日本は、第二次世界大戦の終戦に至るまでの間、大東亜共栄圏の軍事的攻略において、アジア各国の同胞に犠牲を強いた歴史があります。これは反面、戦後アジア各国の独立を促す結果をもたらす事になったものの、戦争に伴った癒え難い痛みは史実として真摯に受け止め、よりよき未来の建設に貢献することによって歴史的責任を果たすことが最善の道と思われます。

敗戦後の日本は、結果として憲法9条を制定し、「国際紛争を解決する手段としては二度と軍事力に頼まず」という結論に帰着したのは、これまでに見た通りです。

さて今日、世界全体の理想的変革に貢献しうるアジアからの代替案に関していうならば、その一つに、多大なる犠牲を伴って帰着した歴史的教訓として、日本国憲法9条に象徴される〝不戦の誓い〟を、アジア各国の同胞と共有し、その軍隊を「アジア治安維持機構」に属するものとして、〝アジア共同平和部隊〟等に再編することが考えられましょう。その原則としては、以下の三点が挙げられます。

第一　国際紛争解決の手段としては、これを軍事的には永久に使わない。ただし、政治・経済・文化的な対応において一致協力しあう。

第二　これへの加盟主体は、今日もしくは近未来にそれぞれの地域で必要とされうる持続・循環型のモデル都市建設構想において連携・協力しあう。

第三　大規模の災害や事故の際、治安維持および復興開発支援の目的で国境を超えて平等に対処する。日本の自衛隊はその調整と率先垂範の任を果たす。

この構想が実現されるには、第一段階として、参加主体国の軍隊がミサイルや戦車や小銃等の殺傷兵器の解除を自ら積極的に実行しなければならなくなるでしょう。それは、東西の核軍縮のプロセスに既に見られたように、段階的な道筋を経るものと考えられますが、どこかの然るべき国が率先垂範しなければ決して開始されることもあり得ません。

武器を持たずしても、復興開発支援などの任は充分全うできるものと考えられ、治安維持においては武道の鍛錬などで心身を鍛えて対処することも求められましょうが、火器は必要ではありません。そうなると、今までの自衛隊のイメージより、むしろ「平和部隊」の形に近く、ただそれを青年ボランティアとしてではなく、復旧事業などを含め、よりハードな分野に耐えうる〝部隊〟として派遣するという違いになるのではないでしょうか。

この構想は、ときに国連平和維持軍との連携で進めることも考えられ、最初の軌道に乗せることに成功したなら、防衛問題において様々なジレンマにある国連を然るべき方向へ導いてゆく役割さえ果たしうるものと観られます。

これは、もちろん国民全体の同意を必要とする話ですが、日本は憲法9条をただ後生大事に抱え込んで化石化させ、ときに〝解釈改憲〟などの玉虫色の政略や中途半端な防衛施策によって他国からの批判を買うくらいなら、むしろ腹をくくって覚悟を決め、具体論として9条の理念を徹底的に拡大させる戦略を取ることも不可能ではなくなるはずなのです。

現時点において、北朝鮮や中国は残念ながら対象外とはなるでしょうが、日本が本気でそうした舵を取るなら、アジアや太平洋地域の中小国には、後に続く国々が陸続として出てくるものと考えられないでしょうか。

中米のコスタリカの場合は、既に国策として常設軍を持たないことを1949年制定の憲法で定めており、同国では、非常時においてのみ軍隊を設置することを妨げないとしています。世界には、一定の国力があっても敢えて軍隊を持たず、警察力だけで治安が維持されている国も現に存在することを知る必要があります。コスタリカの国のような場合、先の原則第一について問題はなく、平和隊を創設するなどの条件次第で国際的連携も可能となるでしょう。

このような超国家的プランに関しては、理想として描くことは出来ても、既存の政治体制から生み出されることは、ほぼ期待できませんから、やはり民間ベースでしっかりした理念と実践案を有するシンクタンク等を中心に国際的連携体制を構築しながら、日本の皇室をシンボルとして進めるのも一つの有力な方法と見られます。

しかしながら、現実問題として、そんなことは中国や北朝鮮からの軍事的圧力が増大している今日、到底不可能であるという人々も少なくないでしょう。しかし、この章の前半にみた通り、泥沼状態にあったアフガニスタンの軍閥の武装解除は、国連軍でも米軍でもなく、手に何ものをも持たない日本の一人の民間人によって成し遂げられた現実を私達は知ることになりました。こうした芸当が出来るかどうかは、ただ一人の人間として揺るがない信念を持ち、肝《きも》が据《す》わっているかどうか次第であるとも言えましょう。

日本民族の多くが、安穏と箱船にも似た文明末世のぬるま湯に浸かり続け、世界の危機的状況を横目に見て、問題解決のため貢献する努力を怠るようなら、今後世界の危機は益々深刻化し拡大する一方です。そしてそれは、あたかも湖に飛び込んで溺死するネズミの大群のごとく、気が付いた時にはすでに手遅れなのであり、もろとも全滅を迎えるほかない事態に陥るのです。

古来、「義を見てせざるは勇なきなり」と言いますが、出来ることを行わない怠慢は、まさに世界の混沌と全体崩壊の危機に際し、当然成すべき義務を怠った咎《とが》として、宇宙の厳しい審判を免れない可能性さえあると言わねばならないでしょう。

しかし、日本人の多くがいざ覚悟を決めたなら、前記のような芸当は決して不可能なことではなくなるはずです。どちらへ転んでも末世に変わりない今日、生死を超えて肚《はら》が据われば、東アジアの軍事的脅威など本当の脅威ではないことを達観できるのでないでしょうか。そして、道義的に真っ当な道、天皇がかつてその玉体をかけて成された道を、臣民もまた一身をかけて成すことこそ、今日の本当のサムライ精神、大和魂と言えるのでないでしょうか。

ちなみに、終戦後GHQの占領政策として、臣籍降下のやむなきに至った旧皇族のひとつに梨本宮《なしもとのみや》家があります。その三代目当主の守正王《もりまさおう》は、極東国際軍事裁判（東京裁判）において皇族では唯一、A級戦犯として巣鴨プリズンへの収監を余儀なくされるという経緯がありました。

昭和天皇を戦犯とすべき証拠が不十分で訴追できないことが明白となり、皇族の責任を代表し戦犯としての法的措置を甘受されうる立場にあったのは、昭和6年～15年まで陸軍参謀総長の任にあった閑院宮載仁《かんいんのみやことひと》親王でした。しかし、同親王は終戦直前の昭和20年5月に薨去されており、その身代わりとして大戦中に伊勢神宮祭主を務め国家神道の頭目とも見なされた梨本宮守正王殿下が拘置されることになったものです。

また、守正王の第一王女であった方子《まさこ》女王は、大日本帝国時代の皇室外交の一環として、大正9年に韓国の李《り》王朝の最後の皇太子となった李垠《りぎん》殿下の許へ嫁がれました。方子女王は大正期には昭和天皇の后候補とも目されていた才媛でしたが、数奇な運命の糸に翻弄され、終戦後は李方子《りまさこ》妃殿下としての地位を失うことになります。しかし、その後も旧李王家の垠氏夫人として韓国の福祉事業に民間ベースで尽くされ、後年広く韓国民に慕われる存在ともなりました。

こうした歴史的因果もあって、旧梨本宮家では現在、守正王から三代を経てその祭祀を連綿と継承される当主が、東アジアの戦後処理に関わる諸々の事業案件に取り組まれており、今後のさらに本格的な活動を期して、２００９年には「梨本宮記念財団」が設立されるに至りました。

現在、国が多難な壁に前途を阻まれつつある東アジアの平和外交は、こうした天皇家・宮家を主体とした民間交流から解決への糸口は開かれてゆくのかもしれません。

ところで、前記の「アジア治安維持機構」においては、国際紛争解決の手段としてのみならず、想定され得る宇宙的侵略に対しても、これを軍事的に用いないことが大切になります。非常事態においての専守防衛はあり得ましょうが、その際も冷静客観なる情報判断と細心の注意が必要であり、原則としての非暴力を貫徹することが主旨とされなければなりません。

その理由は、次の通りです。

一　〝想定され得る宇宙的侵略〟とは、人類精神史の発展段階において、個人・民族集団ないし文明国家において、その死滅への恐怖や宗教的呪縛を未だ脱却せざる段階にあって、生み出された人類想念上の産物であると判断されるため。

二　〝想定され得る宇宙的侵略〟は、聖書をアイデンティティの基本とする欧米先進国において、軍事防衛力の終わりなき拡張発展の根拠ともされているが、その基本理念や国際政策自体に限界が察知された結果、「アジア治安維持機構」は生み出されるものであり、同轍《どうてつ》を踏む愚《ぐ》を避けることが肝要であるため。

三　アジア的哲学においては、〝宇宙的侵略〟をなし得るほどに科学力が発達した宇宙種族においては、一般論として相応なる精神的発達もなされ得るものと考えられ、そのような種族は人類の同胞兄弟とこそなり得ても、姑息《こそく》な侵略者なることは想定し難いため。

四　〝宇宙的侵略〟をなすべき種族は、その精神の発展段階においては、未熟未完なものと考えられ、それは、地球人類が精神的研鑽と平和構築への努力を怠って、このまま科学力と政略策謀のみを発達させた場合にこそ、起こりうるものと考えられるため。

さて、上記の構想においても、祀り主スメラミコトの「平和の象徴」としての立場と憲法9条の重要性は全く変わりません。というよりむしろ、それは、日本国民が憲法1条および9条の歴史的真意を理解し、守るべきポイントを守りぬいた先に展開され得る発展形、雛形《ひながた》=プロトタイプの拡大具体形とも考えられるのです。

この構想は、やがて来たるべき時代には、必ずや世界が準拠するであろう、新しい共存共栄の世界システムの先達モデルとして、まずは日本──アジアからスタートすることが必要不可欠であるものと考えられます。それは人類史の発展における治安防衛問題の帰着点として、また地球安全保障の最終選択肢としても重要でありましょう。

## 11 「人類憲法」としての日本国憲法

さて、ここまでの考察を踏まえて、改めて「日本国憲法」の前文を見ると、それは、日本が日本のみの政治力で独自に作成したものでないことは明らかでありますが、他方では、その中には、米国というユダヤ・キリスト教的文化圏の永きにわたる政治的変遷や宗教的歴史観のプラス面の成果が盛り込まれたものであったことも明白となります。

それゆえに、世界平和と民主主義の理念が謳われた文言として、政治学者や憲法学者からも特に批判的指摘がないまま戦後60年以上を経過してきたものと考えられます。

しかしながら、今一度、日本古来の国体観および今後の世界平和に果たすべき日本独自の役割を、その真実の歴史性や霊学的背景とともに考えたとき、そこに若干の誤謬が潜んでいることは明らかでしょう。すなわち、下線部分①〜③に、異文化の民《たみ》によって一週間という短期間で原案作成された憲法の弱点が露呈しているのです。今日、日本人民が真摯に憲法問題に取り組むとき、それらは改正の焦点となるべきポイントと考えられます。

日本国憲法　前文抜粋（昭和21年11月3日公布）

『日本国民は、正当に選挙された国会における代表者を通じて行動し、われらとわれらの子孫のために、諸国民との協和による成果と、わが国全土にわたって自由のもたらす恵沢《けいたく》を確保し、政府の行為によって再び戦争の惨禍が起ることのないようにすることを決意し、ここに主権が国民に存することを宣言し、この憲法を確定する。そもそも国政は、国民の厳粛な信託によるものであって、①その権威は国民に由来し、その権力は国民の代表者がこれを行使し、その福利は国民がこれを享受する。これは②人類普遍の原理であり、この憲法はかかる原理に基くものである。③われらは、これに反する一切の憲法、法令及び詔勅《しょうちょく》を排除する。

④日本国民は、恒久の平和を念願し、人間相互の関係を支配する崇高な理想を深く自覚するのであって、平和を愛する諸国民の公正と信義に信頼して、われらの安全と生存を保持しようと決意した。⑤われらは、平和を維持し、専制と隷属、圧迫と偏狭を地上から永遠に除去しようと努めている国際社会において、名誉ある地位を占めたいと

思う。われらは、全世界の国民が、ひとしく恐怖と欠乏から免れ、平和のうちに生存する権利を有することを確認する。

われらは、いづれの国家も、自国のことのみに専念して他国を無視してはならないのであって、政治道徳の法則は、普遍的なものであり、この法則に従うことは、自国の主権を維持し、他国と対等関係に立とうとする各国の責務であると信ずる。日本国民は、国家の名誉にかけ、全力をあげてこの崇高な理想と目的を達成することを誓う』

補足1　〝①その（国政の）権威は国民に由来し〟とするのは、古代ギリシアの市民社会に発すると観られる欧米の些《いささ》か唯物的な世界観から生じており、それをそのまま日本文化に適用した場合、国民統合の精神的主体軸を崩し国政を分断紛糾する結果を招来するものと考えられます。当の米国でも、大統領の就任においては、国政の権威が聖書に由来することが表明されます。同じく、イスラム圏ではコーランに由来します。日本においては、権力の行使は国民の代表でよいものの、権威はこれを神聖権威とするならば、紛うことなく天皇に由来するとしなければならないでしょう。よって、以下のように改正されることが望ましいものと考えられます。

①「その権威は国民に由来し」→「その権威は祀り主たる天皇に由来し」従って、

②「人類普遍の原理であり」は↓「古来わが国の歴史的原理であり」と改正されます。

補足2

〝③われらは、これに反する一切の……詔勅を排除する〟とするのは、日本政府が再び天皇制軍国主義へ傾倒することを避ける主旨からもたらされたものと考えられますが、それは一方では結局、祀り主たる天皇の権威を貶《おとし》め、然らば国民の精神性および文化性の荒廃化を招来する結果を招きます。また、平和憲法制定に至る秘められてきた背景が明かされ、今後恒久的に9条が遵守される環境が確立されてゆく条件においては、軍国主義復活の懸念は不要なのであり、むしろ詔勅を排除することが、9条の改変と再軍国化を招来する危険性を生ぜしめます。よって、この文言は以下のように改正されることが望ましいものと考えられます。

③「われらは、これに反する一切の憲法、法令及び詔勅を排除する」
↓「われらは、これに反する一切の憲法、法令等を排除する」

以上の修正により、憲法前文は、国際的な観点からも、日本古来の国体観および歴史性の観点からも、さらには、近未来にありうべき地上の恒久平和確立の趣旨からも、模範的で更なる普遍性を伴うものになろうと考えられます。

さらに考察を進めると、文中の「⑤われらは、平和を維持し、専制と隷属、圧迫と偏狭を地上から永遠に除去しようと努めている国際社会において、名誉ある地位を占めたいと思う。われらは、全世界の国民が、ひとしく恐怖と欠乏から免れ、平和のうちに生存する権利を有することを確認する」とされる趣旨は、まさしくユダヤ民族の長い迫害の歴史における悲願であったものと解釈され得ます。

そして、それに呼応すべき日本民族の役割としては、「④日本国民は、恒久の平和を念願し、人間相互の関係を支配する崇高な理想を深く自覚するのであって、平和を愛する諸国民の公正と信義に信頼して、われらの安全と生存を保持しようと決意した」という一文に集約されてくるものと考えられ、その要件は、第2項を含めた憲法9条を厳守し、また、日本のみならず、全世界がそれを普遍的な人類憲法として、遵守することができるような環境作りの整備に、日本が率先して着手することにこそあるという結論に導かれます。

よりよき世界の建設を目指し、様々な憲法試案が論ぜられる昨今ですが、「日本国憲法」の前文、そして1条および9条は、これまでの考察から観れば、日清・日露戦争や第一次・第二次世界大戦等にともなう数千万という血の犠牲のもと、ようやく人類が手にした歴史的結晶ともいえる産物であり、まさに人類の長きにわたる苦難の政治史において、その成果に等しいとも言えるものだったことが分かります。

それは、もはや人智でなされた技《わざ》ではなく、多くの部分が天の計らいであったものと理解されます。これに比してなお、その歴史と人類の血の重みを凌駕する憲法試案があるならば、それは国民皆で大いに検討・議論され、より公《おおやけ》なる法として制定されて然るべきものと考えられます。

しかし、その試案が単なる或る一個人や一組織の私案の域を出ないものであるならば、そして、そのような試案に改変されることがあろうことなら、民族として私たち日本人は、幾多の貴い先人たちの犠牲に対してだけでなく、ユダヤ・キリスト教世界の多くの犠牲に対しても、まことに申し訳が立たない事態を招きうる危険性を伴うことに充分留意すべきと考えられるのであります。

宗教や国を問わず、人類が永い歴史を通して、いつか勝ち得ようと求めてきたのは、まさにこの地上の恒久平和世界であります。そのためには、〝専制と隷属、圧迫と偏狭が地から祓われ、全世界の人々が等しく恐怖と欠乏から免れ、平和のうちに生存できる〟環境が構築されねばなりません。そしてそれは、誰かがやってくれるものでなく、気が付いた我々がその時できる事からスタートし、周囲に地道に拡大させていかない限り実現はしません。そのために、日本が率先垂範を具体的に示し、やがて世界の国々が平和憲法9条を手本として不戦を誓い、それを現実に実行し、やがて近未来において、この地上から戦争そのものが根絶されなければならないのです。

そして、それが達成されるために今日求められているのが、世界市民の意識改革なのであり、そのヒントについては既に本書に述べた通りです。日本は古来、日（霊）の本とも呼ばれてきたように、魂の系統の古い国柄であり、形而上的には世界の祖形国家＝親国ともいわれます。それゆえ、この度は待望される世界の改革＝世界の夜明けのため、まずもって日本人のスピリチュアルな真の覚醒、〝ヒトの岩戸開き〟が不可欠であるとされます。童謡のカゴメ歌に唄われた〝カゴの中の鳥〟とは、閉ざされて未だ天意と通じない各々の意識状態を意味するものとも解されるのです。

今後21世紀においては、日本人の持つ意識が拡大されて世界の人々が有するようになるともいわれます。従って、第一段階の岩戸が開かれたなら、その先の延長線上にやがて展開されうるドラマとして〝クニの岩戸開き〟、すなわち人類史終局の極まった混沌の闇から、新たな一条の光明を世界全体が見出すに至る〝一厘の神仕組み〟（＝人類文明のパラダイム・シフト）が示唆されているものと解されるのです。

意識改革の渦を世界に拡大させていくため、今ひとつ不可欠な方法となるのは、ディベート（究論道）であると提言されるのは、ＮＨＫなどを通して長年英語教育に携わられ米国大使館の同時通訳等も務められた松本道弘氏です。氏は、「護憲か改憲か、それとも第三の道という〝活憲〟はありうるのか。ディベートは避けられない。その時は今！」と訴えます。

この度の世界平和維新のプロセスにおいては、確かに日本人の意識改革（右脳革命）、そして本質への悟りこそが全ての出発点となりますが、それを、世界の人々が頭で納得し、具体的な形に落とされていくには、筋道の通った論理が展開されねばなりません。欧米の人々は、その論理的思考により防衛力を強化し政治交渉術を発達させ、結果的に物質文明は長足の発展をみるに至りました。

これに応えて日本から発信されるべき人類救済の大道が、世界に波及し具現化されていくためには、高次元の意識の共振とともに、論理的にも普遍化される方途が大切になります。ディベート（究論道）は、日本人には苦手な分野かも知れませんが、今後これを拡大し、世界の言論界に訴えることは非常に大切となるでしょう。それは、日本の道＝皇道の世界化を意味します。明治維新時の五箇条のご誓文に掲げられた「広く会議を興し万機公論に決すべし」、「旧来の陋習《ろうしゅう》を破り天地の公道に基くべし」の現代版、世界版ともいえましょう。それは、旧来の物質文明の論理思考の枠を超越する左脳革命の渦をもたらし、東西統合された新たな高次文明の礎ともなるに違いありません。

この大計画は、どのような偉大な政治家であっても、政治家だけでは、決して推進したり実現したりすることは叶わないでしょう。なぜなら、近代民主国家の枠組みにおいては、〝国民の生命と財産を守る〟ことが最後まで政治家の第一命題なのであって、民の命が危ぶまれるような不測の事態が予測される限り、常に戦いを考えざるを得ない立場にあるからです。

また仮に、どんなに偉大な宗教家あるいはカリスマが現れたとしても、やはり実現は簡単ではないでしょう。なぜなら、この計画は、地球生命体まるごとの御魂《みたま》と共鳴しあうマツリが基本となるのであり、そうした指導者たちが、地球全体の祭祀王（マツリヌシ）として、歴史的かつ霊学的な条件を満たすものとは考えられないからです。

政治も宗教も、〝一厘の仕組み〟も夜明けの晩におけるカゴの鳥の状態……。

では、どうしたら諸々のジレンマは超克されるのでしょうか。

このプロジェクトは、政・官・民一体の体制で、むしろ志ある民《たみ》のリーダーたちが諸々の古い概念を超越した透明な意識で、不退転の覚悟をもって主導し、国と宗教を超えた魂のネットワークを世界に拡大しながら進めていくべきものであります。そして、彼らこそ、やがては世界平和維新、地球開闢維新の志士たちと呼ばれることでありましょう。

文責　地球文明研究会

# あとがき

「戦後レジームからの脱却」…………。

終戦後六十数年を経た今日、戦争体験者は少なくなりました。そして、日本の自立、独立主権国家としてのメンツを法的にも取り戻そうという動きが高まっています。

しかし、防衛・軍事問題と裏表であるこの政治テーマが、実は結局、民主主義というカラクリの虚像と実像をあぶり出す作業につながることを洞察していた人々が一体何人いたでしょうか。

しかもそれは、恐らく多くの日本人にとって、かつての歴史に存在しなかったほどドラスチックな常識の転換と然るべき意識改革を、いやが応でも促すことになるのです。着地点を得るまでの人々にとって、それはときにショックでもあり、不安材料になるのかも知れません。今こそ、大いに建設的な議論を進めるべきでしょう。我々の未来を我々自身が決するのです。政治家や専門家に丸投げするのではなく、まさに万機公論に決すべし！

それは、地球と世界人類にとっては良い意味の変化を促すに違いありません。なぜなら、そのプロセスを通した日本人の意識覚醒の渦の連鎖拡大こそが、本当の意味での〝世界平和維新〟をもたらすものと考えられるからです。今こそ、政治哲学において、また国民意識において、旧来の陋習を破るべき〝目覚め〟が求められているのです。

それは、まさに地球の全般的事象における大変革のきっかけになるのであり、然らばポーズでも真似事でもない真の〝維新〟と称される所以です。この度の〝維新〟とは、ひふみ（１２３）の神代すなわち高次元宇宙文明への〝岩戸開き〟を意味しているのです。

恐怖や不安に捉われ、殻に閉じこもって、日本人の目覚めが遅くなるほど、２０１３年から激化するといわれてきた地球大変動に伴う天災や事変等の犠牲は拡大するに至るでしょう。

日本人が悪い意味での島国根性を脱皮できず、守りの姿勢に入れば入るほど、比例して世界の犠牲は拡大し、結局は守られるのではなく自らも淘汰されるに至るというパラドックス、今やそれを明確に知る必要があるのです。

結局、生命や財産や社会的地位を自ら守りたいという人間の心は、動物的本能ではありますが、然らば動物的次元を超えるものではありません。聖書では獣の数666に象徴されます。それは、過去数千年の人類のつたなき歩みがそうだったように、個人的な我――エゴの心から一歩も出てはおらず、その延長路線の先に待ち受けるのは世界最終戦争――ハルマゲドンに他ならないのです。

これと反対に、必要とあらば、他者のため、世界のため、母なる大地―地球のため、自らのものを投げ打っても与えようとする心と、それを実践する勇気のある人々が増えていったら、それでも日本は、そして世界は、滅びの危機に陥るのでしょうか。

答えはもちろん否でしょう。それは自らの内なる666を滅却し、ひとつ昇華されてなる完全数7の心、それによって成り立つ安息の一千年王国、キリストの御国《みくに》、ミロク（567）の世を意味します。問題はただ、それをいつ誰がやるのか、ということではないでしょうか。

この度は、あえて日の本の民が率先してそれを実行すること……。

それこそが地球開闢維新の始まりであり、素晴らしき新時代の夜明けを意味するのです。

末尾となりましたが、本書の執筆・出版＝御世出《みよい》づ（345）のプロセスにおいて、見えざる精神界層および現実社会との関わりの中で、ご指導やお力添えを賜りまた賜りつつあるところの諸々の存在、先師先覚の方々の御魂、志半ばにして斃れし維新改革の志士たちの御魂、身罷りし幾多の英霊たちの御魂、ご在世の先達の方々、ことに広島の河内正臣氏を初めとする関係各位、そして拙著をお手にとって頂きました全ての方々に対して満腔の謝意を表する次第です。また、古神道文献の復刻出版で高名な八幡書店の社主、武田崇元氏、および今日の話題社の高橋秀和氏に大変お世話になりました。併せて感謝を申し上げます。

# 参考文献

全体

『天皇の真実』河内正臣（メタ・ブレーン）2012年
『別冊歴史読本――憲法第9条と昭和天皇』（新人物往来社）2006年
『日本国憲法を考える』西 修（文芸春秋）1999年
『昭和天皇独白録』寺崎英成（文芸春秋）1990年
『天皇―その論の変遷と皇室制度』大原康男（展転社）1988年
『戦後秘史―マッカーサーの憲法』大森実（講談社）1975年
『マッカーサー回想記』津島一夫訳（朝日新聞社）1964年
『幣原喜重郎』宇治田直義（時事通信社）1958年
『幣原喜重郎』幣原平和財団（幣原平和財団）1955年
『外交五十年』幣原喜重郎（読売新聞社）1951年

9章

『西光万吉』師岡佑行（清水書院）1992年
『天皇論―日本固有の道』戸松慶議（綜合文化協会）1974年
『世界連邦―その思想と運動』田中正明（平凡社）1974年

10章

『自衛隊の国際貢献は憲法9条で』伊勢崎賢治（かもがわ出版）2008年
『武装解除―紛争屋が見た世界』伊勢崎賢治（講談社）2004年
『宇宙からの使者―アダムスキー秘話と世界政治』藤原忍（たま出版）1988年

11章

『中国人、韓国人、アメリカ人の言い分を論破する法』松本道弘（講談社）2013年

## 人名索引

## 一般索引

渡邊和見（わたなべ・かずみ）

秋田県生まれ。東京農業大学農学部林学科卒。

1987年以降、全拓連（全国拓殖農業協同組合連合会）およびJICA（国際協力機構）の派遣制度によりブラジルに通産10年間在住し、植林プロジェクト、熱帯農業、地球環境－CO2問題等の技術的セクションに従事。NGOアマゾニア森林文化研究会の創設に参加。

ライフワークとして、日本文化および神道との比較における南米先住民族・東アジア諸国の神話伝説、また諸民族文化の起源に関して調査を進め、戦後処理や民間平和外交に関するテーマを主に翻訳出版等に携わる。

編訳書『アマゾンの封印――探検家フォーセット大佐――』（自由国民社・1999年刊）。

※地球文明研究会　問合せ先：http://fuji369.sakura.ne.jp

---

憲法の神髄と日本の未来

2013年8月15日　初版発行

著　者　渡邊　和見

監　修　地球文明研究会

発売所　今日《こんにち》の話題社《わだいしゃ》
東京都港区白金台3-18-1　八百吉ビル4F
TEL 03-3442-9205　FAX 03-3444-9439

印刷・製本　互恵印刷

ISBN978-4-87565-615-9　C0031